# IST MR. MARX ZU HAUSE?

# ANEKDOTEN

*Gesammelt und aufgeschrieben von*
*Margarete Drachenberg*

EULENSPIEGEL VERLAG

# LEKTÜRE

Der Grundstein für Marx' enorme Belesenheit war bereits in der Kinderstube gelegt worden. Heinrich Marx, der Advokat aus angesehener Rabbinerfamilie, der zum Protestantismus konvertierte, als nach dem Wiener Kongress Trier preußisch wurde und der neue Justizminister ihn vor die Alternative Taufe oder Berufsverbot stellte, brachte dem Sohn die französischen Freidenker Racine und Voltaire nahe. Die Dichter des antiken Griechenlands und Shakespeare lernte der junge Karl durch Ludwig von Westphalen kennen, einen engen Freund der Familie, der später sein Schwiegervater werden sollte.

Als Marx dann selber Vater war, las auch er seinen Kindern regelmäßig vor. Einmal wurde er im Bekanntenkreis gefragt, ob er gute Kinderbücher kenne und welche er für seine Töchter auswähle. Die Frage bedurfte keines langen Nachdenkens: »Homer, das Nibelungenlied, Gudrun, Don Quijote, Tausendundeine Nacht und natürlich immer wieder den ganzen Shakespeare.«

»Shakespeare war unsere Hausbibel«, erinnerte sich seine Tochter Eleanor, »mit sechs Jahren konnte ich schon ganze Szenen aus Shakespeare auswendig.«

## Herr und Sklave

Mit der gestalterischen Schönheit eines Buches hatte Marx wenig am Hut. »Er misshandelte sie ohne Rücksicht auf ihr Format, ihren Einband, die Schönheit ihres Papiers oder Druckes; bog die Ecken ein, bedeckte die Ränder mit Bleistiftstrichen und unterstrich Zeilen«, berichtete sein Schwiegersohn Paul Lafargue. Bücher waren ihm ausschließlich geistiges Werkzeug. Marx selbst erklärte seine Beziehung zu Büchern so: »Sie sind meine Sklaven und sollen mir nach meinem Willen dienen.«

## Abiturient

Als Karl das Abitur machte, war er siebzehn. Im Fach Deutsch musste er über das Thema *Betrachtung eines Jünglings bei der Wahl seines Berufes* schreiben. Der Direktor und Deutschlehrer, Professor Johann Hugo Wyttenbach, attestierte seinem Schüler »Gedanken-Reichtum«. Damit zeichnete er aber nicht fantasievoll Erfundenes des jungen Marx aus, sondern die Passagen, in denen der Prüfling die von Wyttenbach selbst gepredigten Ideen der humanistischen Bildung referierte – im Sinne der Rousseauschen Aufklärung die Idee vom Paradies der Menschheit, das diese sich aus eigener Kraft erwirbt: »Die Hauptlenkerin aber, die uns bei der Standeswahl leiten muss, ist das Wohl der Menschheit, unsere eigene Vollendung«, schrieb der Abiturient voller Pathos. Auch notierte er, dass das Streben nach einem Leben als »ein berühmter Gelehrter, ein großer Weiser, ein ausgezeichneter Dichter« für »einen Jüngling, dessen Grundsätze noch nicht gediegen sind« gefährlich sei – und schnitt damit nur als Fünftbester seiner Klasse mit der Note »ziemlich gut« ab. Sein Lehrer begründete die schlechte Zensur mit Marx' »übertriebener Suche« nach einem zu »bilderreichen Ausdruck«.

## DIE SORGEN DES VATERS

Schon in der Jugend – bevor Schlaflosigkeit, schlechte Ernährung, ausschweifendes Trinken und starkes Rauchen seine Gesundheit ruinierten – war Marx anfällig für Krankheiten. »Neun Kollegien scheint mir etwas viel, und ich wünsche nicht, dass Du mehr tust, als Körper und Geist vertragen können«, mahnte Heinrich Marx den siebzehnjährigen Sohn, als dieser sein Jurastudium an der Bonner Universität aufnahm. »Wenn Du Deinem Geiste recht kräftige und gesunde Nahrung gibst, vergesse nicht, dass der Körper auf dieser erbärmlichen Erde dessen steter Begleiter ist und das Wohlbehagen der ganzen Maschine bedingt. Ein siecher Gelehrter ist das unglücklichste Wesen auf Erden. Studiere daher nicht mehr, als deiner Gesundheit zuträglich ist.« Marx kümmerte sich nicht um diese Worte – weder damals noch später.

## Drückeberger

Mit achtzehn musste Marx zur Musterung und wurde vom Militärdienst befreit, weil er »schwach auf der Brust« war. Allerdings scheint es um seine körperliche Verfassung besser gestanden zu haben, als er angab, wie ein Brief seines Vaters nahelegt: »Lieber Karl, wenn Du kannst, lasse Dir von dortigen tüchtigen und bekannten Ärzten gute Zeugnisse geben, Du kannst es mit gutem Gewissen … Aber um konsequent mit einem Gewissen zu sein … rauche nicht viel.«

## Studentenleben

In Bonn behagten dem Studenten Marx die Professoren nicht; er habe keine Lust, sich mit »geistigen Stinktieren« abzugeben. Nach dem Entschluss, sein Studium in Berlin fortzusetzen, erhielt Marx ein offizielles »Abgangszeugnis« der Universität. Er wurde einerseits gelobt als »fleißig und aufmerksam« im Studium, andererseits gerügt »wegen nächtlichen ruhestörenden Lärmens und Trunkenheit« – zweifellos eine Folge seiner Vizepräsidentschaft im Trierer Kneipverein, einer Gesellschaft von dreißig Studenten aus seiner Heimatstadt, die sich vor allem zusammenfanden, um sich so schnell und ausgelassen wie möglich einen Rausch anzutrinken. In dem »Abgangszeugnis« findet auch eine Anzeige wegen unerlaubten Waffenbesitzes Erwähnung. Die Pistole hatte er sich zugelegt, um gegen eine Schar junger Soldaten des Borussia-Korps gewappnet zu sein, mit denen die Trierer Vereinigung gleich mehrere Schlägereien hatte. Eine gipfelte darin, dass die »Nichtsnutze« von Studenten gezwungen wurden, niederzuknien und dem preußischen Adel die Treue zu schwören. Nach einer weiteren Rauferei nahm Marx die Herausforderung zu einem Duell mit solch einem berufsmäßigen Kampfhahn an. Er hatte Glück und kam mit einer Verletzung über dem linken Auge davon.

## BALLKÖNIGIN

Im Sommer 1836 verlobte sich der Achtzehnjährige mit der vier Jahre älteren Jenny von Westphalen. Die beiden kannten sich seit Kindertagen. Schon bald schwärmte die schöne Jenny für den dunkeläugigen Jüngling, war von seinen geistigen Höhenflügen beeindruckt. Auch Karl verliebte sich in das entzückende Mädchen. Als er viele Jahre später seine Heimatstadt besuchte, schrieb er liebevoll an seine Ehefrau: »Außerdem fragt man mich täglich, links und rechts, nach dem quondam ›schönsten Mädchen von Trier‹ und der ›Ballkönigin‹. Es ist verdammt angenehm für einen Mann, wenn seine Frau in der Fantasie der ganzen Stadt als ›verwunschene Prinzessin‹ fortlebt.«

## HEGELIANER

Marx wechselte zur Universität von Berlin, wo sich die geistigen Nachfolger Hegels, der dort von 1818 bis 1831 den Lehrstuhl für Philosophie innegehabt hatte, um dessen Erbe stritten. Als Student an der juristischen Fakultät hatte er im Hörsaal einen Platz in der ersten Reihe, doch lange konnte er nicht den Versuchungen der Hegelschen Philosophie widerstehen. Er versuchte sich an der Abfassung einer Rechtsphilosophie und anderen schriftstellerischen Experimenten. In einem Dialog von 24 Bögen, den er *Kleanthes, oder vom Ausgangspunkt und notwendigen Fortgang der Philosophie* nannte, machte er sich »an eine philosophisch-dialektische Entwicklung der Gottheit, wie sie als Begriff an sich … manifestiert«, wie er im November 1837 seinem Vater schrieb. Doch am Ende hatte er bewiesen, was er widerlegen wollte: »Mein letzter Satz war der Anfang des Hegelschen Systems. Vor Ärger konnte ich einige Tage gar nichts denken, lief wie toll im Garten an der Spree … umher …«

## SCHWEIGEN

Der Student brachte den Vater in arge Bedrängnis, indem er in einem Monat mehr Geld ausgab, als dieser verdiente. Der Vater wurde nicht müde, es ihm vorzuhalten. Der Sohn schwieg beharrlich.

## DISPUTE

Den Studenten der Jurisprudenz zog es zur Philosophie. Er schloss sich einer Gruppe Junghegelianer um den Theologiedozenten Bruno Bauer und den radikalen Philosophen Arnold Ruge an, mit denen er bald zusammenarbeitete und sich später tief entzweite. Der Doktorklub wusste sich nicht nur geistig zu ergötzen: regelmäßig wurden die lärmenden Dispute im Café Hippel ausgetragen und endeten nicht selten in feucht-fröhlichen Zechgelagen.

## DER ARME POET

Zu Marx' frühen literarischen Versuchen gehörten auch Gedichte. Er hatte sie dem renommierten *Deutschen Musenalmanach* zur Veröffentlichung angeboten, wie er seinem Vater gestand. Doch der Herausgeber Adelbert von Chamisso habe ihm nur »einen höchst unbedeutenden Zettel zugeschickt, worin er mir meldet, ›er bedaure, dass der Almanach meine Beiträge nicht brauchen könne, weil er schon lange gedruckt ist‹.« Vor Ärger und Enttäuschung steckte Marx den Zettel in den Mund und schluckte ihn runter. Nicht lange darauf verbrannte er alles, worauf er bisher so stolz gewesen war, im Ofen seiner kleinen Kammer: seinen Versuch der Rechtsphilosophie, einen satirischen Roman, ein Schicksalsdrama – und seine Gedichte

## HERZLOS

Heinrich Marx war erzürnt, als er von den geistigen Eskapaden seines Sohnes erfuhr. »Das sei Gott geklagt! Ordnungslosigkeit, dumpfes Herumschweben in allen Teilen des Wissens, dumpfes Brüten bei der düsteren Öllampe ...«, schimpfte er 1837 in einem Brief, »und hier in dieser Werkstätte unsinniger und unzweckmäßiger Gelehrsamkeit sollen die Früchte reifen, die dich und deine Geliebten erquicken, die Erde gesammelt werden, die dazu diene, heilige Verpflichtungen zu erfüllen?«

Als der Vater am 10. Mai des darauffolgenden Jahres starb, hielt Karl seine Anwesenheit für überflüssig. Es sei eine so weite Reise von Berlin nach Trier.

## DOKTOR

Nach fünf Jahren an der Berliner Universität schloss Marx sein Studium mit einer Dissertation über Demokrit und Epikur ab. Die philosophische Konzeption war durchsetzt mit ökonomischen, juristischen und mathematischen Überlegungen.

Er reichte sie an der Universität Jena ein, die dafür bekannt war, die Doktorwürde ohne längere Debatten zu vergeben. Und richtig: Der Dekan der philosophischen Fakultät hielt Marx für »vorzüglich würdig« und ernannte ihn nach nur neun Tagen, am 15. April 1841, zum Doktor der Philosophie.

## RUMTREIBER

Herr Doktor Marx war nun eigentlich bereit, eine lukrative Stellung anzunehmen, pendelte aber in Ermangelung eines Angebots ein Jahr ziel- und ruhelos zwischen Bonn, Trier und Köln hin und her. In Bonn verbrachte er einen stürmischen Sommer mit seinem ehemaligen Kommilitonen Bruno Bauer. Gemeinsam schockierten sie die Spießbürger mit »Tollheiten«, wie Bruno seinem Bruder Edgar verriet: Marx »ist jetzt wieder hier angekommen. Neulich zog ich mit ihm ins Freie, um noch einmal alle die schönen Aussichten zu genießen. Die Fahrt war köstlich. Wir waren wie immer sehr lustig. In Godesberg mieteten wir uns ein paar Esel und galoppierten auf ihnen wie rasend um den Berg herum und durch das Dorf. Die Bonner Gesellschaft sah uns verwunderter wie je an. Wir jubelten, die Esel schrieen.«

## APOLOGET

Immerhin zweifelten die Menschen, die Marx privat kennenlernte, nicht an seiner steilen Karriere. Der junge Sozialist und spätere Genosse im Bund der Kommunisten Moses Heß war so beeindruckt von Marx' imposanter Erscheinung, dass er seinem Freund, dem Schriftsteller Berthold Auerbach, euphorisch mitteilte: »Du kannst Dich darauf gefasst machen, den größten, vielleicht den einzigen jetzt lebenden eigentlichen Philosophen kennenzulernen, der nächstens, wo er öffentlich auftreten wird (in Schriften sowohl als auch auf dem Katheder) die Augen Deutschlands auf sich ziehen wird ... Dr. Marx, so heißt mein Abgott, ist noch ein ganz junger Mann (etwa 24 Jahre höchstens alt), der der mittelalterlichen Religion und Politik den letzten Stoß versetzen wird; er verbindet mit dem tiefsten philosophischen Ernst den schneidendsten Witz; denke Dir Rousseau, Voltaire, Holbach, Lessing, Heine und Hegel in einer Person vereinigt, ich sage vereinigt, nicht zusammengeschmissen – und so hast Du Dr. Marx.«

## GOTTESFREVEL

Im Mai 1842 veröffentlichte Marx den ersten Artikel einer Serie zur Pressefreiheit in der oppositionellen *Rheinischen Zeitung*. Ein halbes Jahr später boten ihm die Inhaber des Blattes den Chefredakteursposten an.

Jede Ausgabe – und nicht nur die Artikel, auch die Anzeigen – musste einem eigens für das Blatt abgestellten Zensor vorgelegt werden, der alles mit Rotstift zusammenstrich, was er für suspekt hielt oder schlicht nicht verstand. Einmal hatte er eine Annonce für Dantes *Göttliche Komödie* mit der Begründung verboten, mit göttlichen Dingen dürfe niemand Komödie treiben.

## ERSTE BEGEGNUNG

In der Redaktion der aufstrebenden Zeitung, die unter Marx ihre Auflage verdreifachte, gaben sich die Besucher die Klinke in die Hand: begeisterte und entgeisterte Leser, ratsuchende und ratspendende Bürger und Heerscharen von Leuten, die ihre Mitarbeit anboten. So auch ein junger, adrett gekleideter Mann, der sich auf der Reise nach Manchester befand. Er bot an, von dort Berichte über die wirtschaftlichen Verhältnisse zu senden. »Schicken Sie Ihre Artikel«, beschied Marx ihn recht schroff, »wenn sie brauchbar sind, kommen sie in die Zeitung, wenn sie nichts taugen, in den Papierkorb.«

Friedrich Engels schickte Artikel, unter anderem einen mit der Überschrift: *Die Lage der arbeitenden Klasse in England.*

## DER ZAR INTERVENIERT

Im Januar 1843 brachte ein berittener Bote aus Berlin ein ministerielles Edikt nach Köln, mit dem der *Rheinischen Zeitung* ab Ende März die Lizenz entzogen wurde. Das Verbot wurde nicht begründet, und Marx erfuhr nie den Grund dafür. Der russische Zar Nikolaus I. hatte den preußischen König darum gebeten, die Zeitung zu verbieten. Er hatte an einem dort abgedruckten Artikel Anstoß genommen. Marx räumte den Stuhl des Chefredakteurs.

# DIE SCHULDFRAGE

Wegen des Verbotes der *Rheinischen Zeitung* zwar eine Aktionärsversammlung einberufen worden, die sich in zwei Lager spaltete: das der politisch Kompromisslosen und das derjenigen, die mit Wohlverhalten ein Fortbestehen des Blattes und damit ihre Investitionen sichern wollten. Marx hatte kein Verständnis fürs Taktieren, verließ die Versammlung voller Zorn und traf auf einen wutschnaubenden Aktionär.

»Hundert Taler habe ich investiert, die sind futsch! Soll ich Ihnen sagen, wer an der Sache schuld ist? Ein Mann in der Redaktion. Dr. Marx. Er soll aus Trier stammen, aber in Berlin ganz gefährliche Ideen studiert haben. Man munkelt, dass er Kommunist sei.«

»Kennen Sie diesen Dr. Marx persönlich?«

»Nein, aber wehe, wenn ich diesen Kerl mal erwische ...« Er wedelte drohend und unmissverständlich mit seinem dicken Spazierstock.

Da sich seine Pferdekutsche näherte, brach er das Gespräch ab. »Entschuldigen Sie, die Geschäfte – ich muss weg. Wie war doch Ihr werter Name?«

»Marx, Dr. Marx, Redakteur der *Rheinischen Zeitung*.«

## MISSWIRTSCHAFT

Sieben Jahre nach ihrer Verlobung, im Juni 1843, ehelichte der fünfundzwanzigjährige Doktor der Philosophie, Herr Karl Marx, das neunundzwanzigjährige Fräulein Johanna Berta Julia Jenny von Westphalen. Jenny machte kurz nach ihrer Verheiratung eine kleine Erbschaft. Das junge Ehepaar ließ sich alles auszahlen und ging auf Hochzeitsreise. Das Geld kam in einen Kasten mit zwei Handgriffen, den sie mit ins Coupé nahmen, beim Aussteigen zusammen trugen und in den verschiedenen Hotels offen auf den Tisch ihres Zimmers stellten, und jeder Besucher und Bedürftige durfte zugreifen.

## AUFBRUCH NACH PARIS

Nach dem Verbot der *Rheinischen Zeitung* sah Marx in Deutschland keine Möglichkeit mehr, frei als Publizist zu arbeiten. »Man verfälscht sich hier selbst«, beklagte er sich. Als sein ehemaliger Berliner Kommilitone Arnold Ruge ihm das Angebot machte, ins Exil nach Paris zu gehen, um gemeinsam mit ihm und dem Dichter Georg Herwegh die *Deutsch-Französischen Jahrbücher* herauszugeben, nahm Marx an. Er war sich sicher: »Wenn alle inneren Bedingungen erfüllt sind, wird der deutsche Auferstehungstag verkündet werden durch das Schmettern des gallischen Hahnes.«

# EIN STÜCK COMMUNISMUS SCHEITERT

Arnold Ruge ließ Marx wissen: »Ich suche ein Haus mit 3–4 Partien zu mieten. Ich will Herwegh und Mäurer und womöglich auch Sie bereden, dass wir zusammen hineinziehn und Menage machen, dergestalt dass wir einen Koch und eine Küche für alle 4 Familien haben …« Wenn man gut wirtschaften werde, so müsse »die Menage d. h. ein Stück Communismus« gelingen«.

Aus einer späteren Schilderung von Herweghs Sohn wissen wir, was geschah: »Auf den ersten Blick beurteilte Frau Herwegh die Sachlage. Wie konnte Frau Ruge, die nette kleine Sächsin, mit der sehr intelligenten und noch ehrgeizigeren Madame Marx auskommen, die ihr an Wissen weit überlegen war, wie die erst so kurze Zeit verheiratete Frau Herwegh und die jüngste unter ihnen sich zu diesem gemeinsamen Leben verlockt finden?«

Herwegh und seine Frau lehnten die Einladung von vornherein ab. Die Ehepaare Ruge und Marx quartierten sich in der Rue Vanneau ein. Vierzehn Tage später waren die beiden Familien entzweit. Karl und Jenny suchten sich ein paar Häuser weiter in der Rue Vanneau eine eigene Unterkunft.

## ABGELEHNT

Der Philosoph Ludwig Feuerbach war einer der ersten Autoren, von dem Marx einen Beitrag für die *Deutsch-Französischen Jahrbücher* erbat. Im Unterschied zu anderen Denkern, die er schätzte und dann verwarf, achtete er Feuerbach sein ganzes Leben lang. »Es freut mich«, schrieb er ihm schmeichlerisch, »eine Gelegenheit zu finden, Ihnen die ausgezeichnete Hochachtung und – erlauben Sie mir das Wort – Liebe, die ich für Sie besitze, versichern zu können.« Feuerbach lehnte das Angebot ab.

## DURCHTRIEBENER

Für die erste und einzige Ausgabe der *Deutsch-Französischen Jahrbücher* konnte Marx den russischen Anarchisten Michail Bakunin gewinnen – einziger nichtdeutscher Autor in diesem Heft mit grenzüberschreitendem Anspruch. »Marx war damals viel fortgeschrittener als ich«, gab Bakunin später zu. »Obgleich jünger als ich, war er schon Atheist, ein gebildeter Materialist und denkender Sozialist … Ich suchte begierig das Gespräch mit ihm, das immer lehr- und geistreich war, wenn er sich nicht gerade von kleinlichem Hass lenken ließ … Er nannte mich einen sentimentalen Idealisten und hatte damit recht. Ich nannte ihn eitel, perfide, durchtrieben und hatte damit ebenfalls recht.«

## Heine-Verehrer

In Paris lernte Marx Heinrich Heine kennen. Es trafen nicht nur zwei entfernte Verwandte aufeinander – sie waren Cousins dritten Grades –, sondern zwei philosophische Köpfe, die sich mit Hegel auseinandersetzten. Heine hielt Marx für den »entschiedensten und geistreichsten unter den Landsleuten«, die ihn aufsuchten. Marx verehrte den zwanzig Jahre älteren Dichter seit seiner Kindheit. Seine Bewunderung ging so weit, dass er über dessen »politische Schwächen« auf das Nachsichtigste urteilte. »Dichter sind sonderbare Käuze, die man ihre Wege wandeln lassen muss«, erklärte er. »Man darf sie nicht mit dem Maßstab gewöhnlicher oder selbst ungewöhnlicher Menschen messen.«

## Heine-Bekehrer

Bald war Heine häufig zu Gast im Marxschen Hause. Arnold Ruge war sich später sicher, wer den Dichter »auf die politische Satire gebracht« hatte. »Diese Wendung verdankte er nur Marx und mir. Wir sagten ihm: ›Lassen Sie doch die ewige Liebesnörgelei und zeigen Sie den poetischen Lyrikern mal, wie man das richtig macht – mit der Peitsche.‹«

## WORT FÜR WORT

Marx und Heine pflegten einen sehr herzlichen Umgang, in dem die Poesie und das Familienleben eine große Rolle spielten. Unzählige Male konnten sie ein Gedicht zusammen durchgehen, beständig das eine oder andere Wort abwägend und so lange daran feilend, bis alles glatt schien. Dabei hieß es aber, Geduld aufzubringen, denn der Dichter reagierte empfindlich auf jede Kritik. Mitunter kam er regelrecht weinend zu Marx, weil irgendein Kritiker oder Literat aus der letzten Reihe ihn angegriffen hatte. Marx wusste sich dann nicht anders zu helfen, als ihn zu seiner Frau zu schicken, die den deprimierten Lyriker mit Witz und Charme wieder beruhigte.

## HILFE IN LETZTER MINUTE

Einmal befreite Heine die Familie aus einer verzweifelten Lage. Bei einem Besuch fand er Marx, Ehefrau Jenny und Haushälterin Helene Demuth in heller Aufregung vor, weil die nur einige Monate alte Tochter Jenny unter heftigen Krämpfen litt und zu ersticken drohte. Geistesgegenwärtig griff der Dichter sofort ein: »Das Kind muss in ein Bad!« Eigenhändig richtete er das Bad her, legte das Baby hinein und rettete so der Kleinen, wie Marx sagte, das Leben.

## KRANKENBESUCH

Noch in Heines letzter Krankheitsphase besuchte Marx ihn aus dem Londoner Exil in der »Matratzengruft« in Paris. Einmal wurde der Sterbenskranke gerade umgebettet, als Marx eintrat. Da er solche Schmerzen hatte, dass man ihn kaum anfassen durfte, wurde er von den Krankenschwestern auf einem Bettuch auf sein Lager gehoben. Heine begrüßte seinen Gast mit den Worten: »Sehen Sie, lieber Marx, die Damen tragen mich noch immer auf Händen.«

## DER FREUND

Im August 1844 reiste der dreiundzwanzigjährige Friedrich Engels auf dem Weg von England nach Deutschland durch Paris. Marx lud den jungen Fabrikantensohn in seine Wohnung in die Rue Vanneau ein. Der Aufenthalt dauerte volle zehn Tage. Die beiden diskutierten bis spät in die Nacht, redeten sich die Köpfe heiß, kühlten die Gemüter bei reichlich Rotwein ab und schworen sich schließlich ewige Freundschaft – zehn Tage, die die Welt erschütterten.

## Ruhestörer

Marx und Engels vereinbarten ihre erste gemeinsame Arbeit, eine polemische Schrift gegen Bruno Bauer und andere Junghegelianer, die im anschauenden kritischen Idealismus verharrten und die Bedeutung von Ökonomie und Praxis verkannten. Während Marx abends an der *Heiligen Familie oder Kritik der kritischen Kritik* schrieb, gab auch Jenny Marx das ein oder andere Urteil dazu ab. Als die Wortgefechte eines Nachts allzu heftig ausfielen, wurde es der Haushälterin Helene Demuth, die im Nebenzimmer bei der kleinen Jenny wachte, zu viel. Marx sprach gerade über die Idee der Revolution – wie ein Blitz werde sie immer mehr Köpfe entzünden –, da erschien Helene in der Tür. »Genug geblitzt! Man muss auch der Revolution ihre Ruhe lassen, sonst geht den Revolutionsmachern die Puste aus!«

## Kauderwelsch

Die Beziehung zwischen Marx und Engels war so intensiv, dass die beiden eine verworrene, für Dritte kaum verständliche Sprache aus englisch-französisch-lateinisch-deutschen Wortfetzen entwickelten: »Diese excessive technicality of ancient law zeigt Jurisprudenz as feather of the same bird, als d. religiösen Formalitäten z. B. Auguris etc. od. d. Hokus Pokus des medicine man der savages.«

## WER IST MARX?

Die Vorstellung, alle Revolutionäre müssten Handwerker sein, war Mitte des 19. Jahrhunderts nicht auszurotten. Die Pariser Zeitschrift *Journal des Économistes* stellte ihren Lesern Marx als einen »Schuhmacher mit einer Neigung zu abstrakten Formeln« vor.

## KLEINE GESCHENKE ...

In den Artikeln, die Marx für die in Paris erscheinende Zweiwochenschrift *Vorwärts* schrieb, sparte er nicht mit Angriffen auf den preußischen Staat. Friedrich Wilhelm IV. war nicht gewillt, das Treiben der deutschen Emigranten hinzunehmen. Er schickte einen Gesandten zur französischen Regierung und verlangte, das Blatt zu verbieten und Marx und Genossen auszuweisen. Doch Minister Guizot wollte nicht als Büttel des preußischen Königs dastehen und unternahm – nichts.

Als im Juli 1844 die Schüsse des Attentäters Heinrich Ludwig Tschech auf den König ihr Ziel verfehlten und seine Majestät öffentlich Gott und seinem Volk dafür dankte, gab Marx die königlichen Worte im *Vorwärts* der Lächerlichkeit preis und bedauerte, dass Tschech so ein schlechter Schütze sei. Friedrich Wilhelm tobte. Wieder schickte er einen Gesandten nach Paris, dieses Mal zu König

Louis Philippe. Er ließ ein Schreiben überreichen mit der Aufforderung, sich standessolidarisch zu zeigen, dazu eine wertvolle Porzellanvase als Geschenk. Im Januar 1845 wurde Marx aus Frankreich ausgewiesen.

## PAPIER IST GEDULDIG

Marx wandte sich an Leopold I. von Belgien, den einzigen König auf dem europäischen Kontinent, der noch Flüchtlinge aufnahm. Allerdings musste er schriftlich zusagen, dass er sich ordentlich benehmen werde: »Um die Genehmigung zu erhalten, mich in Belgien niederzulassen, stimme ich zu, auf mein Ehrenwort zu erklären, dass ich in Belgien keine Arbeit über Tagespolitik drucken lassen werde. Dr. Karl Marx.«

## PROUDHON-KRITIKER

Marx hatte den französischen Sozialisten Proudhon gelesen, gelobt – und ging zum Angriff über, als dieser ökonomische Analyse und Moralappelle zu mischen begann. Eine 1846 erschienene Schrift bekämpfte Marx mit der französischen Gegenschrift *Misère de la philosophie – Das Elend der Philosophie*. Lakonisch stellte Bakunin fest: »Bekannt ist die Tatsache, dass Marx Proudhon nicht leiden kann.«

## KOSTBARE TAGE

Finanziell mit dem Erlös der Möbel in Paris sowie einem Honorarvorschuss ausgestattet, war die Exilzeit in Brüssel eine der glücklichsten im ansonsten entbehrungsreichen Leben der Familie Marx. Man hatte Umgang mit einem großen Freundeskreis und leistete sich den einen oder anderen Abend in »netten Cafés«. Joseph Weydemeyer beschrieb 1846 seiner Braut einen ihrer fröhlichen Tage: »Wenn ich Dir erzähle, was wir hier für ein Leben geführt haben, so wirst Du über die Kommunisten gewiss die Hände über dem Kopf zusammenschlagen … Marx, Weitling, Marx' Schwager und ich haben eine ganze Nacht durchgespielt …, schliefen einige Stunden auf einem Sofa und verbummelten dann den folgenden Tag in Gesellschaft seiner Frau und seines Schwagers auf die kostbarste Weise. Des Morgens früh zogen wir erst in eine Bierkneipe, fuhren dann mit der Eisenbahn nach einem nahen Örtchen Villeworde, wo wir zu Mittag aßen, und kehrten dann in der übermütigsten Laune mit dem letzten Zug zurück.«

## DEMOKRATISCHER DIKTATOR

1846 gründete Marx gemeinsam mit Engels und sechzehn weiteren Mitgliedern das Kommunistische Korrespondenzkomitee in Brüssel. Auf einer der ersten Versammlungen in Marx' Wohnung war ein junger

Russe namens Pawel Annenkow anwesend, selbst kein Sozialist, dennoch fasziniert von Marx: »Marx gehörte zu den Menschen, die allein aus Energie, Willen und einer unerschütterlichen Überzeugung bestehen ... Obwohl er sich den Mantel falsch zuknöpfte, wirkte er wie ein Mann, der das Recht und die Macht hat, Respekt einzufordern, wie er auch aussah, und was er auch tat ... Er gebrauchte stets Worte, die keinen Widerspruch duldeten, und all das verschärft durch einen fast schmerzhaften Ton, in dem er seine Gedanken vortrug. Dieser Ton war Ausdruck einer festen Überzeugung von der Mission, das Denken der Menschen zu bestimmen und ihnen die Gesetze ihres Handelns vorzuschreiben. Vor mir stand das Urbild eines demokratischen Diktators.«

## AUFKLÄRER

Bei einer der Zusammenkünfte, die dazu dienten, einen ständigen Briefwechsel mit dem Bund der Gerechten und anderen Organisationen zu etablieren, war auch Wilhelm Weitling zugegen, ein Vertreter des Gerechten-Bundes, der in Deutschland eine große Anhängerschaft hatte. Es kam zum Eklat. Marx stellte Weitling die schroffe Frage: »Sagen Sie doch, Weitling, Sie, der Sie in Ihrer kommunistischen Propaganda in Deutschland so viel Lärm gemacht und so viel Arbeiter gewonnen haben, die dadurch Arbeit und Brot verloren, mit welchen Argumenten verteidigen Sie Ihre revolutionäre, soziale Tätigkeit und worauf denken Sie dieselbe in Zukunft zu gründen?«

Weitling antwortete verworren, bis ihm Marx zornig ins Wort fiel, dass es einfach Betrug sei, das Volk aufzuwiegeln, ohne ihm irgendwelche festen, durchdachten Grundlagen zu geben. Diesen Vorwurf wollte Weitling nicht auf sich sitzen lassen und führte an, dass er, der Hunderte von Menschen im Namen der Idee der Gerechtigkeit, Solidarität und brüderlichen Liebe um sich geschart habe, nicht ein inhaltsloser, müßiger Mensch genannt werden könne und dass seine eigene Vorbereitungsarbeit für die gemeinsame Sache vielleicht von größerer Wichtigkeit sei als die Kritik und die Kabinettsanalysen, die entfernt von der leidenden Welt und den Drangsalen des Volkes entwickelt würden.

Die letzten Worte brachten Marx endgültig in Wut, er schlug mit der Faust auf den Tisch, dass die Lampe darauf erzitterte, und aufspringend rief er: »Niemals noch hat die Unwissenheit jemandem genützt.«

## ERPRESSUNG

Auf dem zweiten Kongress zur Gründung des Bundes der Kommunisten am 29. September 1847, für den Marx von Brüssel nach London reiste, legten er und Engels den übrigen Gründungsmitgliedern einen ersten Entwurf des *Kommunistischen Manifests* vor. Das von Marx in leidenschaftlicher

Erregung vorgetragene Programm wurde begeistert aufgenommen, die Delegierten stimmten den Grundsätzen einstimmig zu und beauftragten ihn, die neue Lehre gleich zu Papier zu bringen. Marx schien es jedoch mit der Erfüllung dieser Aufgabe nicht eilig zu haben. Die Londoner Vertreter des Bundes der Kommunisten wurden ungeduldig und sandten ihm am 24. Januar 1848 ein Ultimatum nach Brüssel: »Die Zentralbehörde beauftragt hiermit die Kreisbehörde Brüssel, dem K. Marx anzuzeigen, dass, wenn das *Manifest der Kommunistischen Partei*, dessen Abfassung er auf dem letzen Kongress übernommen, nicht bis Dienstag, den 1. Februar d. J., in London angekommen ist, weitere Maßregeln gegen ihn ergriffen werden.« Die Warnung verfehlte ihre Wirkung nicht: in dicke Zigarrenschwaden gehüllt, schrieb Marx das Manifest in seinem Brüsseler Studierzimmer in nur wenigen Nächten nieder.

## LIEBER KEINE BRÜDER

Der in das *Kommunistische Manifest* eingegangene Slogan »Proletarier aller Länder, vereinigt euch!« war bereits 1847 Wahlspruch in den Statuten des Bundes der Kommunisten. Dieser Wahlspruch ersetzte auf Marx' Vorschlag hin den vorhergehenden mit dem Wortlaut »Alle Menschen sind Brüder«. Marx hatte eingewendet, es gebe viele Menschen, deren Bruder er auf keinen Fall sein wolle.

## GEWARNT

Als im Februar 1848 in Frankreich die Revolution ausbrach, geriet die belgische Polizei in Panik und Marx erhielt eine von Leopold I. unterzeichnete Order, das Land binnen 24 Stunden zu verlassen. Marx trieb es für einen kurzen Abstecher in die Seinestadt, wo sie auf altbekannte deutsche Emigranten trafen, von denen sich viele ihren übereilten Hoffnungen auf einen Umsturz in Preußen hingaben. Als dieser auf sich warten ließ, gründeten der ehemalige preußische Offizier Adalbert von Bornstedt und Georg Herwegh eine »Deutsche Legion«, die mit französischen Waffen nach Deutschland marschieren und die Revolution in Gang bringen sollte. »Was ihr vorhabt, ist Verrat an den Gutgläubigen«, rief ihnen Marx auf einer Versammlung zu. »Man kann die Revolution nicht verpflanzen wie einen Baum. Sie muss dort wachsen, wo sie blühen und Früchte tragen soll, und so lange sie in Preußen noch nicht herangereift ist, werden euch auf 1000 Gewehre 10 000 gegenüberstehen.«

## BEVOR DIE BOMBE PLATZT

Familie Marx ging nach Köln, wo noch aus Zeiten der französischen Besatzung der napoleonische Code Civil galt, was eine gewisse Pressefreiheit versprach – denn Marx trug sich mit dem Gedanken, eine neue Zeitung ins Leben zu rufen. Die *Neue Rheinische Zeitung* erschien am 1. Juni 1848 und verkaufte sich täglich in 5000 Exemplaren, eine sehr hohe Auflage für die damalige Zeit. Die erste Ausgabe erregte enormes Aufsehen unter den Arbeitern, Handwerkern und fortschrittlichen Bürgern weit über die rheinischen Grenzen hinaus. Dagegen bereitete ihre Herausgabe den Geldgebern, die Friedrich Engels aufgetan hatte, manche schlaflose Nacht. »Herr Doktor Marx«, wetterte einer von ihnen, »für unser gutes Geld haben Sie uns eine Bombe unters Bett gelegt!« – »Beruhigen Sie sich«, antwortete Marx amüsiert. »Wir versprechen Ihnen, Sie rechtzeitig zu warnen, bevor sie platzt.«

## INTIMUS

Die Kölner Polizei hatte ein Auge auf den politisch unberechenbaren Doktor Marx und seine Redaktion. Am 7. Juli wurde Marx wegen eines bissigen Berichts über den Staatsprokurator Anneke zum Verhör geladen, ein paar Monate später wanderten einige Redakteure hinter Gitter. Auch nach Friedrich Engels wurde gefahndet, der in die Schweiz geflohen war. Nachdem er sowohl seinen Vater als auch Marx um finanzielle Zuwendungen gebeten und von beiden keine Nachricht erhalten hatte, schrieb er erneut nach Köln mit der bangen Frage, ob sein Freund ihn wegen unerlaubter Entfernung verstoßen habe. »Lieber Engels«, antwortete Marx, »ich bin wahrhaft überrascht, dass Du noch kein Geld von mir erhalten hast. Ich (nicht die Expedition) habe Dir seit undenklicher Zeit 61 Taler geschickt ... dass ich einen Augenblick Dich im Stich hätte lassen können, ist reine Fantasie ...« Als PS-Zeile fügte er streitlustig hinzu: »Dein Alter ist ein Schweinehund, dem wir einen hundsgroben Brief schreiben werden.«

## DAS RASENDE JAHR

Marx' turbulente Zeit als Chefredakteur der *Neuen Rheinischen Zeitung* wird gern als das »rasende Jahr« bezeichnet: revolutionäre Unruhen und Konterrevolutionen hatten für die Redaktion zahlreiche Verleumdungsklagen, Polizeiverhöre und Gerichtsverfahren zur Folge, die Marx mit brillanten Gerichtsreden gewann. Neben der Zivilbehörde beäugte auch das Militär das Blatt argwöhnisch. »Man wunderte sich«, schrieb Engels Jahre später, »dass wir das alles so ungeniert in einer preußischen Festung ersten Ranges, gegenüber einer Garnison von 8000 Mann und angesichts der Hauptwache betrieben; aber von wegen der acht Bajonettgewehre und 250 scharfen Patronen im Redaktionszimmer und der roten Jakobinermützen der Setzer galt unser Haus den Offizieren ebenfalls für eine Festung, die nicht durch bloßen Handstreich zu nehmen sei.«

## DAS LETZTE WORT

Doch die Zeit in Köln nahm ein Ende, als die preußischen Behörden am 16. Mai 1849 kurzerhand Gerichtsverfahren gegen die Hälfte der Redaktion verhängten, gegen die andere Hälfte, die Nichtpreußen einschließlich Marx, die Ausweisung befahlen. In der letzten Ausgabe der Zeitung, die in provokantem roten Druck erschien, erklärte die Redaktion: »Ihr letztes Wort wird überall und immer sein: ›Emanzipation der arbeitenden Klasse!‹«

## WAS ZU ERWARTEN WAR ...

Am Familientisch kam das Gespräch auf die Verwandtschaft, insbesondere auf Marx' Schwager Ferdinand von Westpahlen. Dieser hatte sich bei der Niederschlagung der Revolution von 1848/49 als treuer Diener des preußischen Staates hervorgetan und war für seine Leistungen mit einer Beförderung zum Regierungspräsidenten in der preußischen Provinz belohnt worden. »Dein Bruder«, sagte Marx zu seiner Frau, »ist so dumm, dass er noch einmal preußischer Minister wird.« – Und so kam es auch: Ferdinand von Westphalen wurde 1850 preußischer Innenminister im Kabinett Manteuffel.

## VERDÄCHTIGER AUSLÄNDER

In der väterlichen Ahnenreihe von Jenny Marx taucht das schottische Adelsgeschlecht der Argylls und mit ihm ein Stück rebellischer Geschichte auf. Einer der Vorfahren hatte im Freiheitskampf gegen Jakob II. Lorbeeren errungen und sein Haupt verloren, ein anderer zahlte mit dem Tod auf dem Scheiterhaufen für die Einführung von Reformen. Darauf war man stolz in der Familie Marx und hielt zudem die Stücke einer wertvollen Aussteuer in Ehren: gut dreihundert Jahre alte, schwere Silberlöffel, verziert mit dem Familienwappen und -motto der Argylls: »Wahrheit ist mein Wahlspruch«.

Als Jenny und die Kinder 1849 Marx ins Londoner Exil gefolgt waren, drückten wieder einmal schwere Geldsorgen. Marx sah sich genötigt, die kostbaren Stücke ins Pfandhaus zu tragen, um die Familie über Wasser zu halten. Der Pfandleiher zeigte sich erstaunt, als der wild aussehende Ausländer mit dem struppigen schwarzen Bart ihm das jahrhundertealte Silberzeug anbot. Er begutachtete das eingravierte Wappen und Motto mit der Lupe, prüfte den Silberstempel, stellte zweifelsfrei fest: »Das ist echt!« – und rief die Polizei. Nach einer Nacht in einer Gefängniszelle und dem Nachweis Jennys über den rechtmäßigen Besitz kam Marx wieder frei.

# MOHR

Marx, den seine Familie und Freunde wegen seiner schwarzen Haarpracht nur »Mohr« nannten, hatte eine Vorliebe für Spitz- und Kosenamen. Er selbst wurde auch »Charles« und »old Nick« (der Teufel) gerufen. Zuweilen wählte er Pseudonyme aus politischen Gründen: Als er in Paris untertauchen musste, benutzte er den merkwürdigen Namen »Monsieur Ramboz«, und selbst im liberalen London, wo es kaum Grund für Versteckspiele gab, unterschrieb er seine Briefe dann und wann mit »A. Williams«. Friedrich Engels, der als Fußsoldat bei der Badischen Revolution von 1849 gekämpft hatte, war der »General«. Ehefrau Jenny hieß »Möme«, und Helene Demuth, »Lenchen«, wurde gelegentlich auch »Nim« genannt. Die älteste Tochter Jenny erhielt den Titel »Qui-qui Kaiser von China«, während Laura »Kakadu« oder »Hottentot« gerufen wurde. Sohn Edgar war »Musch«, und der kleine Heinrich Guido bekam gleich nach der Geburt den Spitznamen »Fawkesy« oder »Föxchen« verpasst. Die jüngste Tochter Eleanor hieß im Kindesalter »Quo-quo Kronprinz von China« und »Zwerg Alberich« und behielt ihren Kosenamen »Tussy« ihr Leben lang. Die Kinder nannten Liebknecht wegen seiner Belesenheit »Library«.

Interessanterweise war es ein sicheres Zeichen der Geringschätzung, wenn Marx jemanden beim richtigen Vornamen nannte. So hieß der Dichter Gottfried Kinkel bei ihm nur »Gottfried«.

## Halten Sie den Kopf hin!

Wer in London in den Kommunistenbund aufgenommen werden wollte, musste sich im »privaten parlour« des Bundes in der Great Windmill Street einer strengen Prüfung unterziehen, die Fragen zum Lebenslauf, zur Ernsthaftigkeit des Aufnahmewunsches und zum Umfang des theoretischen Wissens beinhaltete. Leuten, die zum engeren Kreis stießen, fühlte Marx höchstpersönlich auf den Zahn und testete ihre Kenntnisse in Philosophie, Geschichte, Ökonomie, Literatur, alten und neuen Sprachen. Auch Wilhelm Liebknecht, der Marx 1850 in London kennenlernte, wurde bei ihrem ersten gemeinsamen Treffen auf diese Weise examiniert. Zum Schluss sagte er zu Liebknecht: »Und nun halten Sie den Kopf hin!« – und fingerte, damals noch ein Anhänger der pseudowissenschaftlichen Schädel- und Hirnkunde, an dessen Kopf herum.

## Lehrer

War die Aufnahme in den Bund der Kommunisten allerdings geschafft, unterrichtete Marx die »jungen Burschen«, die er kaum um fünf oder sechs Jahre übertraf, mit Hingabe in alten und neuen Sprachen, Philosophie und politischer Ökonomie. »Und war geduldig beim Lehren, er, der sonst so stürmisch Ungeduldige«, erinnerte sich Liebknecht.

## RED LION

In der Great Windmill Street war immer etwas los. In der Woche Gesangs-, Sprach-, Zeichenunterricht, an den Wochenenden Vorträge über Geschichte, Geografie, Diskussionen über den Kommunismus. In freien Minuten spazierte Marx, der auch selbst lange Vorträge zu Themen wie »Was ist bürgerliches Eigentum?« hielt, manchmal zum Rathbone Place in der Nähe der Oxford Street, wo eine Gruppe französischer Emigranten sich im Fechten mit Säbel, Degen und Florett übte. Marx mischte da gern mit. »Was ihm an Kunst fehlte, das suchte er durch Ungestüm zu ersetzen«, beschrieb Liebknecht Marx' etwas plumpe, aber effektive Technik. »Und wer nicht kaltblütig war, den konnte er auch verblüffen.«

## SCHLECHTER VERLIERER

Marx war ein leidenschaftlicher, aber miserabler Schachspieler, der nach einer verlorenen Partie seinen Ärger am Erstbesten ausließ. Nach einem erbitterten Schachmatch zwischen ihm und Wilhelm Liebknecht, aus dem der Freund als Sieger hervorgegangen war, stand anderntags Helene Demuth vor dessen Tür und bat ihn, doch künftig auf solche Schachduelle zu verzichten: »Wenn Sie gewinnen«, sagte sie, »verliert doch nicht nur Marx. Die Niederlage betrifft uns dann jedesmal alle.«

## Unabsehbare Folgen

Marx war Feuer und Flamme, als er im Juli 1850 in einem Schaufenster in der Regent Street das Modell einer Elektrolok entdeckte. Es waren die damit verbundenen wirtschaftlichen Möglichkeiten, die ihn faszinierten. »Jetzt ist das Problem gelöst – die Folgen sind unabsehbar«, sagte er und erläuterte, so wie die Erfindung der Dampfmaschine die Welt verändert habe, so würden jetzt die Errungenschaften in der Elektrotechnik eine neue Revolution auslösen. »Der ökonomischen Revolution muss mit Notwendigkeit die politische folgen, denn sie ist nur deren Ausdruck.«

## Nachtarbeiter

In London fertigte Marx Abertausende Seiten von Exzerpten an. Da ihn tagsüber politische Verpflichtungen abhielten, seinen Studien nachzugehen, setzte er sich allabendlich für ein paar Stunden an den Schreibtisch, arbeitete dann aber oft die ganze Nacht hindurch. Sein Körper machte das nicht lange mit, heftige Geschwüre traten auf, und er erkrankte an einem Leberleiden. Die Ärzte legten ihm ein Verbot der Nachtarbeit auf, doch kaum war er auf den Beinen, verfiel er erneut ins nächtliche Arbeiten. Jenny machte ihm Vorhaltungen, doch er wiegelte nur lachend ab: »Das entspricht meiner Natur.«

## GEISTIGES EIGENTUM

Einmal fand Jenny ihren Mann nicht über seinen Büchern, sondern lachend über einem Manuskript. Nach langem Drängen gestand er, dass es die Manuskripte mit selbstverfassten Gedichten waren, die er ihr 1837 aus Berlin geschickt hatte. »Darüber hast du gelacht?«, fragte sie. »Ich hatte ganz vergessen, dass ich solchen schmalztriefenden Kitsch produziert habe.« – »Das sind die schönsten Liebesgedichte, die ich je gelesen habe«, beharrte Jenny, »und sie gehören mir.« Es entbrannte ein lautstarker Streit. Karl wurde heftig: »Die Gedichte sind mein geistiges Eigentum, und ich bestimme, was mit ihnen geschieht. Sie gehören in den Küchenofen.« – »Nie werde ich zulassen, dass du sie verbrennst.« Unter Tränen setzte Jenny sich durch, Marx gab nach. Er selbst hat die Gedichte nie wieder zur Hand genommen.

## AUSSICHTSLOS

Das Ehepaar Marx und seine vier Kinder lebten in ständiger finanzieller Not. In dieser aussichtslosen Lage gab Engels seine eigenen journalistischen Pläne auf und trat als Kommis in die Filiale der Textilfirma seines Vaters in Manchester ein. Von seinem nordenglischen Exil aus sandte er regelmäßig kleine Summen, die er aus der Firmenkasse stibitzte.

## GESCHEITERT

Um gegen die reaktionären Mächte in Deutschland und Frankreich anzugehen, hatte Marx vor, eine neue Zeitung zu gründen. Anfang 1850 war in der deutschen Presse die Ankündigung zu lesen: »Im Januar 1850 erscheint: Neue *Rheinische Zeitung. Politisch-ökonomische Review,* redigiert von Karl Marx … Die Review erscheint in monatlichen Heften von wenigstens fünf Bogen.« Die Zeitschrift sollte Großes bewirken: »Ich zweifle kaum, dass nach Erscheinung von drei, vielleicht zwei Monatsheften der Weltbrand interveniert«, deutete Marx voraus. Doch es kam anders: Bereits nach fünf Ausgaben musste das Blatt wegen fehlender Abonnenten eingestellt werden und hinterließ nichts außer einem Berg Schulden.

## EIN SPARMODELL

Karl Marx war ein exzessiver Raucher. Auf einem Ausflug entdeckte er eine Sorte, die pro Kiste anderthalb Schilling günstiger als seine gewohnte war. Er entwickelte ein eigenwilliges Sparsystem: Je mehr Zigarren er davon rauchte, desto mehr sparte er. Würde er es auf eine Kiste pro Tag bringen, könnte er von seinem Ersparten sogar leben. Sein neues Sparsystem praktizierte Marx so lange, bis ihm der Arzt verbot, sich auf diese Weise weiterhin zu bereichern.

## REVOLUTIONÄRE PFLICHT

Die Liste der Gegner von Marx, die aus den eigenen Reihen kamen, wuchs stetig. Der kommunistische Führer gab sich den Auseinandersetzungen mit geradezu vulkanischen Zornausbrüchen hin und verfasste mehrere hundert Seiten lange Schmähschriften gegen seine Widersacher. Über den revolutionären Lyriker Gottfried Kinkel schüttete er seinen ganzen Hohn und Spott in der Abhandlung mit dem ironischen Titel *Die großen Männer des Exils* aus: »Ein krakeliges, schwatzhaftes, äußerst konfuses mannequin [Männchen], das sich als Lebensmotto die Stelle aus Rameaus Neffen gewählt hat: ›Lieber will ich ein impertinenter Schwätzer sein, als gar nicht sein.‹« Wenn Freunde ihm rieten, ein Löwe solle sich nicht mit Mistkäfern abgeben, antwortete Marx, die gnadenlose Entlarvung utopischer Scharlatane sei nichts als seine revolutionäre Pflicht. Außerdem mache ihm die Sache Spaß.

## LASS DIE LEUTE REDEN

»Für Popularität hatte Marx eine souveräne Verachtung«, wusste Wilhelm Liebknecht zu berichten, »und sein Lieblingsspruch war der stolze Vers von Dante: ›Segni il tuo corso, e lascia dir le genti!‹ – ›Geh deine Bahn und lass die Leute reden!‹« Der Vers schließt auch das Vorwort zum *Kapital* ab.

## INNERE EMIGRATION

Wegen interner Querelen trennten sich Marx und Engels Mitte September 1850 vom Bund der Kommunisten. Eine Gruppe Unzufriedener um Engels' Kommandeur August Willich bei der Badischen Revolution zog dem langwierigen Prozess revolutionärer Organisation theatralische Gesten wie ein Mordkomplott gegen Königin Viktoria von England vor. So endete Marx' Traum, den Bund der Kommunisten aus England zu führen. Er zog sich in den Lesesaal des Britischen Museums zurück und widmete sich der Aufgabe, eine umfassende, systematische Darlegung der politischen Ökonomie zu schreiben: *Das Kapital.*

## BERICHT DES POLIZEISPITZELS

Ende 1850 fand die Familie Marx eine einigermaßen passable Wohnung in der Dean Street Nr. 28 im Bezirk Soho, in der sie mehrere Jahre lebten. Auch das neue Heim war nicht eben luxuriös. Eine anschauliche Beschreibung ist dank eines preußischen Polizeispitzels überliefert: In der Mitte des Wohnraums stand ein großer Tisch, auf dem lagen »Manuskripte, Bücher, Zeitungen, dann die Spielereien der Kinder; das Fetzenwerk des Nähzeugs der Frau, daneben einige Teetassen mit abgebrochenen Rändern, schmutzige Löffel, Messer,

Gabeln, Leuchter, Tintenfass, Trinkgläser, holländische Tonpfeifen, Tabakasche, mit einem Wort: alles Graffelwerk darunter und darüber gehäuft .... Da steht ein Stuhl nur auf drei Füßen, dort spielen die Kinder und machen ihre Küche auf einem andern Stuhl, der zufällig noch ganz ist.« Marx lebte überhaupt ziemlich chaotisch, wie jener Spitzel befand: »Er führt ein wahres Zigeunerleben. Waschen, Kämmen, Wäschewechseln gehört bei ihm zu den Seltenheiten. Er berauscht sich gern. Oft faulenzt er tagelang, hat er aber viel Arbeit, dann arbeitet er Tag und Nacht mit unermüdlicher Ausdauer fort; eine bestimmte Zeit zum Schlafen und Wachen gibt es bei ihm nicht; sehr oft bleibt er ganze Nächte auf, dann legt er sich wieder mittags, ganz angekleidet, aufs Kanapee und schläft bis abends, unbekümmert um die ganze Welt, die bei ihm frei aus und ein geht.«

## AUF GROSSEM FUSS

Trotz seiner finanziellen Nöte versuchte Marx, an seinen Gewohnheiten festzuhalten. So bestand er darauf, einen Sekretär zu beschäftigen, obwohl Jenny Marx diese Arbeit gern gemacht hätte. Der junge Philologe Wilhelm Pieper wird von ihr als lüsterner, ungehobelter und arroganter Mensch beschrieben und taugte gar nicht zum Sekretär. »Ich begreife nicht, warum du den noch brauchst«, schimpfte auch Engels. Marx entließ ihn erst 1857.

# FREUND ENGELS SPRINGT EIN

Schon zu Marx' Lebzeiten kursierte das Gerücht, dass Marx der Vater von Helene Demuths unehelichem Kind Henry Frederick sei.

Der Junge kam am 23. Juni 1851 zur Welt, drei Monate nachdem Jenny Töchterchen Franziska gebar. Er wurde bald darauf zu Pflegeeltern gegeben, wahrscheinlich einer Arbeiterfamilie in Ostlondon. Engels bekannte sich auf Bitten Marx' zur Vaterschaft.

In den sechziger Jahren des zwanzigsten Jahrhunderts wurde ein Brief von Louise Kautsky-Freyberger, Engels' Haushälterin und letzter engen Vertrauten, veröffentlicht, der die Gerüchte bestätigte. In diesem Brief vom September 1898 schreibt sie: »... dass Freddy Demuth Marx' Sohn ist, weiß ich vom General [Engels] selbst ... General ... gab mir damals schon das Recht, im Falle der Notwendigkeit dem Geklatsche, dass er seinen Sohn verleugnet, entgegenzutreten ... und ... ermächtigte uns ..., nur dann von der Mitteilung Gebrauch zu machen, wenn er der Schäbigkeit gegen Freddy geziehen werden sollte; ... Sein Eintreten für Marx hat Letzteren vor einem schweren häuslichen Kontakt bewahrt.«

## VERTEIDIGER

Als der Kölner Kommunistenprozess gegen Mitglieder der Kölner Sektion des Bundes eröffnet wurde, verwandelte sich Marx' Wohnung in der Dean Street in eine Kanzlei. Der Dichter Ferdinand Freiligrath, Wilhelm Wolff, ein Kampfgefährte aus den vierziger Jahren, und andere versuchten gemeinsam mit Marx und Engels die Intrigen der preußischen Polizei aufzudecken und die Verteidiger der Angeklagten mit Entlastungsmaterial zu versorgen.

»Dann mussten sämtliche Sachen, 6 bis 8 Mal abgeschrieben, auf den verschiedensten Wegen nach Köln spediert werden, über Frankfurt, Paris etc., da alle Briefe an meinen Mann sowie alle Briefe von hier nach Köln erbrochen und unterschlagen werden«, schrieb Jenny Marx am 28. Oktober 1852 an den Kommunisten Adolf Cluß.

Die Hoffnung auf einen Sieg in diesem »Monstre-Prozess« erfüllte sich nicht, die Angeklagten wurden zu langjähriger Haft verurteilt.

»Das ist die Strafe dafür, dass wir die Kölner Bourgeoisie um ihr erhofftes Blutbad gebracht haben!«, empörte sich Engels daraufhin.

Marx erwiderte: »Ja, lieber hätten sie wohl unsere Gewehre gegen sich gehabt als jetzt diese sieben vor ihrem Gericht.«

## Honorar-Korrespondent

Nach der Auflösung des Bundes der Kommunisten von keiner politischen Aufgabe mehr abgelenkt, konnte Marx dank Engels' Großzügigkeit seine Tage im Britischen Museum verbringen, wo er über seinen ökonomischen Studien saß. Seine Aufträge von der New Yorker *Tribune* gab er größtenteils an Engels weiter. »Schreibe eine Reihe von Artikeln über Germanien, von 1848 an. Jeistreich und ungeniert«, trug er ihm auf. Die Serie *Revolution und Konterrevolution in Deutschland* erschien in neunzehn Fortsetzungen, ausschließlich von Engels verfasst – das Honorar kassierte Marx.

## Überrumpelte Vernunft

Im Juni 1852 fuhr Marx zum zweiten Mal zu Engels nach Manchester, wo er die Chetham-Bibliothek aufsuchte. Dort befasste er sich mit dem Werk des Anarchisten und Schriftstellers William Godwin und notierte Sentenzen wie: »Die Dinge müssen denen gehören, in deren Händen sie am produktivsten sind«, oder »Das Sein bestimmt das Bewusstsein«, und schließlich: »Die Ehe ist unsittlich, insofern die verbundenen Menschen nicht den Befehlen ihrer Vernunft folgen können.«

»Nehmen Sie den letzten Satz nicht allzu ernst, Mr. Marx«, sagte der Bibliothekar Thomas Jones, der sich noch gut an Marx' Besuch ein halbes Jahr zuvor erinnerte. »Mr. Godwin war selbst aufs Glücklichste verheiratet.« Lächelnd erwiderte Marx: »Es gibt also doch einen Zustand im Menschen, wo sich selbst die Vernunft überrumpeln lässt.«

## AUF DEN LEIM GEGANGEN

Gerade recht kam Marx im Jahr 1852 das Angebot eines ungarischen Emigranten namens Bangya, »Charakterbilder« der deutschen Emigrantenführer in London herauszugeben. Marx konnte nicht nur das Honorar gut gebrauchen, es war auch eine willkommene Gelegenheit, gegen alle »großen Männer des Exils«, wie er ihnen im Titel des Pamphlets ironisch schmeichelte, zu Felde zu ziehen. Die ideologische Polemik gegen die wichtigsten politischen Flüchtlinge war Marx ein großes Vergnügen: »Wir lachten Tränen bei der Einmarinierung der Stockfische.«

Das Lachen blieb ihm allerdings im Halse stecken, als er erkennen musste, dass er unfreiwillig – und ohne Honorar – für die preußische Polizei gearbeitet hatte. Bangya war Polizeiagent und hatte das Manuskript direkt an die preußische Polizei weitergegeben.

## Geldsorgen

Marx hatte bei allen Geschäftsinhabern im Viertel offene Rechnungen, und es kam vor, dass zornige Metzger, Gemüsehändler und Gerichtsvollzieher an die Haustür hämmerten. An einem Morgen im April 1853 tauchte ein wütender Bäcker in der Dean Street auf. Der sechsjährige Edgar öffnete die Tür. »Ist Mr. Marx zu Hause?« – »Nö, der ist nicht oben«, antwortete der pfiffige Junge. »Richte deinem Vater aus, dass ich so lange kein Brot liefern werde, bis ich mein Geld auf dem Tisch habe«, erklärte der Bäcker erbost. »Mach ich, Sir«, sagte der Junge, stibitzte noch drei Brötchen und schloss blitzschnell die Tür.

## Auf Jobsuche

In den 34 Lebensjahren in London schickte sich Marx nur zweimal an, eine bezahlte Anstellung zu suchen. 1852 schrieb er Joseph Weydemeyer, der in den USA lebte, wegen einer »Firnislackerfindung«. Der Freund sollte auf der Industrieausstellung in New York einen Messestand mieten und die Erfindung vorstellen, so dass man »mit einem Schlage zu Geld kommen« werde. Von dem geheimnisvollen Firnislack war nie wieder etwas zu hören.

Zehn Jahre später bewarb sich Marx bei der Eisenbahn, wurde aber nicht genommen: Seine Handschrift war unleserlich.

## ÜBERLASTET

Als Jenny am 16. Januar 1855 Tochter Eleanor das Leben schenkte, brach Marx nicht eben in Jubel aus. »Leider of the ›sex‹ par excellence«, schrieb er Engels. »Wäre es ein Junge gewesen, so ginge die Sache schon eher.« Marx' Klage war kein Zeichen von väterlicher Kälte oder Frauenfeindlichkeit, sondern der sozialen und wirtschaftlichen Realität geschuldet. Er vergötterte seine drei Töchter und behandelte die Mädchen als intelligente kleine Erwachsene, wie sich auch der Schneider Friedrich Leßner, der in London zu Marx' engem Umfeld gehörte, erinnerte: »Der Verkehr zwischen Marx und seinen Töchtern war der innigste und ungezwungenste, den man sich denken kann.«

Doch Mädchen waren eine besondere finanzielle Bürde, mussten sie doch für eine spätere standesgemäße Heirat auch die angemessene Bildung erhalten: Tanzstunden, Privatstunden in Französisch, Italienisch, Zeichnen und Musik. Die Marx-Töchter besuchten als Teenager zudem ein »Damenseminar«, das acht Pfund im Quartal kostete. »Aber das ist das einzige Mittel, damit die Kinder … Beziehungen und Verhältnisse eingehen können, die ihnen eine Zukunft sichern können«, rechtfertigte sich Marx vor Engels.

## GROSSE TRAUER

Ohne Zweifel war jedoch der pausbäckige, spitzbübische Edgar Vaters Liebling. Obwohl ein kränkelndes Kind, versprühte er Frohsinn, trällerte lustige Lieder oder sang »mit ungeheurem Pathos und einer Riesenstimme« die Marseillaise. Marx war dem Kleinen geradezu verfallen und sah in ihm einen »Freund, den ich mehr als jeden andern persönlich geliebt habe«. Der achtjährige Edgar starb am 6. April 1855 an Schwindsucht. Freunde standen der trauernden Familie bei. Wilhelm Liebknecht schrieb: »Wochen der Krankheit ohne Hoffnung. Musch starb. Und zwei Tage später das Begräbnis. Leßner, Pfänder, Lochner, Konrad Schramm, der rote Wolff und ich fuhren mit – ich in dem Wagen mit Marx –, er saß stumm da, den Kopf in die Hände gestützt. Ich streichelte ihm die Stirn: Mohr, du hast ja deine Frau, die Mädchen und uns – und wir alle haben dich so lieb! ›Ihr könnt mir den Jungen nicht wiedergeben!‹, stöhnte er – und stumm fuhren wir weiter zum Kirchhof in Tottenham Court Road. Als der Sarg in das Grab gesenkt werden sollte, war Marx so aufgeregt, dass ich mich neben ihn stellte, weil ich fürchtete, er werde dem Sarg nach ins Grab springen.«

## GEMÄSSIGTE TRAUER

Als Jennys Mutter im Sommer 1856 starb, erbte die Tochter zu Marxens Freude 120 Pfund. Er hielt seine Gefühle aus Pietät im Zaum und bemerkte nur erstaunt: »Sie scheint sehr angegriffen über den Tod der Alten.«

## HAUSBESITZER

Der Geldsegen versetzte die Familie in die Lage, dem »alten Loch« in Soho zu entfliehen. Sie ließ sich in einem unmöblierten vierstöckigen Haus in Kentish Town, Grafton Terrace 9, nahe dem Park Hampstead Heath nieder. Die Jahresmiete von 36 Pfund war für Nordlondon niedrig, denn die Gegend war »etwas unfertig«, wie Marx Engels berichtete. Das war ein wenig untertrieben: die Straßen waren ungepflastert und ohne Beleuchtung, die Gegend glich einer riesigen, schlammigen Baustelle. Doch Marx fand das Haus »sehr schön«, und auch Jenny äußerte sich zufrieden: »Es ist eine wahrhaft prinzliche Wohnung, verglichen mit unseren früheren Löchern.«

# MAGIER

Jenny schien es damals, als lebten sie in einem verzauberten Schloss. Doch der Zauber hörte bald auf zu wirken. Jennys Erbe war nach Begleichung der Schulden und der Einrichtung des Hauses bald ausgegeben. Ein ums andere Mal trat Marx mit den neuen Möbelstücken wieder den Weg ins Pfandhaus an. Es erging ihm ähnlich wie dem Magier Hans Röckle, der einen Spielwarenladen hatte und viele Schulden. Tochter Eleanor erinnerte sich gut an die Geschichten über ihn, die ihr Vater den Kindern erzählte: »Er stak stets in Geldnöten, und so musste er sehr gegen seinen Willen alle seine hübschen Sachen dem Teufel verkaufen.«

# VERZWEIFELTER

Nachdem auch die letzten Reserven aufgebraucht waren und auch kein Geld mehr für die Miete vorhanden war, wandte sich Marx an Engels. »Ich sitze vollständig auf dem Sand«, schrieb er ihm am 20. Januar 1857. »Ich weiß absolut nicht, was ich anfangen soll, und ich bin in der Tat in einer verzweifelteren Situation als vor fünf Jahren. Ich glaubte, die Quintessenz des Drecks verschluckt zu haben. Mais non. Dabei ist das Schlimmste, dass diese Krise nicht temporär ist. Ich sehe nicht, wie ich mich herausarbeiten soll.« Engels fiel aus allen Wolken: »Ich dachte, jetzt endlich sei alles im schönsten Zuge.« Er versprach, ihm monatlich fünf Pfund zu schicken und fügte zerknirscht hinzu: »Ich wollte nur, Du hättest mir die Geschichte 14 Tage vorher geschrieben.« Denn er hatte gerade mit ein wenig Weihnachtsgeld von seinem Vater ein neues Pferd gekauft.

## TROSTPFLASTER

Als Jenny Anfang Juli 1857 ein totes Kind zur Welt brachte, hatte sie kaum noch Kraft zu trauern. Ablenkung verschafften ihr Marxens Artikel für die New Yorker *Daily Tribune,* die sie für ihn kopierte. Damit hatte es ein Ende, als Marx feststellte, dass die Zeitung immer weniger seiner Korrespondenzen druckte, er aber nur für gedruckte Arbeiten bezahlt wurde. »Es ist in der Tat ekelhaft, dass man verdammt ist, es als ein Glück zu betrachten, wenn ein solches Löschpapier einen mit in sein Boot aufnimmt«, ärgerte er sich. Der Chefredakteur der *Tribune,* Charles Dana, beschwichtigte, indem er anbot, Marx wöchentlich für eine Kolumne zu bezahlen, unabhängig davon, ob sie gedruckt werde oder nicht. »Also au fait setzen Sie mich auf die Hälfte herab«, klagte Marx. Als Trostpflaster bot Dana ihm an, für eine geplante *Neue Amerikanische Enzyklopädie* die Einträge über große Generäle und die Geschichte der Kriegsführung zu schreiben. Marx konnte es sich nicht leisten, diese öde Arbeit abzuschlagen, für die er immerhin zwei Dollar pro Seite erhalten sollte.

## Der case ist sehr verzwickt

Gern übernahm Engels diese unliebsame Aufgabe für Marx und behauptete, so habe er an den Abenden etwas zu tun. Er begann auch gleich mit dem ersten Buchstaben – Abensberg, Actium, Adjutant, Alma, Armee, Artillerie ... bis ihn das Drüsenfieber außer Gefecht setzte. Marx geriet gegenüber Dana in Erklärungsnot: »Was soll ich ihm schreiben?«, fragte er. »Ich kann mich nicht mit Krankheit entschuldigen, da ich fortfahre, an die *Tribune* articles zu schicken. Der case ist sehr verzwickt.« Um Zeit zu gewinnen, gab er an, eine Manuskriptsendung sei auf dem Postweg verlorengegangen.

## Die Krise kommt

Eine höchst erfreuliche Nachricht von weltpolitischer Bedeutung drängte die privaten Probleme von Marx und Engels vorerst in den Hintergrund: Die internationale Finanzkrise war endlich da. Ausgehend vom New Yorker Bankencrash schwappte sie auch nach Europa über und schwemmte stürzende Preise, tägliche Bankrotte und Panik in die Städte Österreichs, Deutschlands, Frankreichs und Englands. In einem Brief vom 7. Dezember 1857 schildert Engels seinem Freund in London die Situation in Manchester: »Nur noch vierzehn Tage, und der Tanz ist hier vollständig im Gange.«

## SCHLECHTER REITER

Bis zu einer Revolution war es allerdings noch ein weiter Weg. Während Marx die zivile Seite des Feldzugs in die Hand nahm und das Proletariat in die Geheimnisse der politischen Ökonomie einführte, schnallte Engels in der Vorstellung die Sporen an und träumte davon, auf seinem neuen Pferd die Armee der Aufständischen in die Straßen Manchesters und Berlins zu führen. Reiten, so glaubte Engels, sei die »materielle Basis« jedes militärischen Erfolgs. Warum war der jämmerliche Louis Bonaparte, der sich 1851 durch einen Staatsstreich die Kaiserkrone erzwang, was Marx zur Abfassung seiner Gesellschaftsanalyse *Der achtzehnte Brumaire des Louis Bonaparte* anregte, in den Augen der französischen Kleinbürger ein Held? – »Weil er passabel, aber hübsch reitet«, erklärte Engels seinem Freunde im Februar 1858.

Dieses Lob des Kaisers Napoleon III. aus Engels' Mund muss Marx sehr geärgert haben, dessen Unbeholfenheit im Sattel – etwa bei sonntäglichen Eselsritten auf der Hampsteader Heide – für allgemeine Erheiterung sorgte.

## Zahnschmerz

Schließlich wurde auch Marx von der Dramatik des Augenblicks mitgerissen. »Begleitet zwar nur mit Limonade auf der einen Seite, aber auf der andern with an immense deal of tobacco [mit einer ungeheuren Menge Tabak]« arbeitete er »wie toll die Nächte durch an der Zusammenfassung meiner Ökonomischen Studien, damit ich wenigstens die Grundrisse im Klaren habe vor dem déluge [Sintflut].«

Doch die Sintflut blieb aus. Die Weltwirtschaftskrise, die man so freudig erwartet hatte, klang schnell ab, und Marx' »sehr schlechte Stimmung« wegen dieser unglücklichen Wendung wirkte sich einmal mehr negativ auf seinen Gesundheitszustand aus. Bei Engels klagte er über »scheußliche Zahnschmerzen und Geschwüre im ganzen Maul«.

## Triumph

Im Ergebnis brachten die langen Tage im Britischen Museum und die noch längeren Nächte an seinem Schreibtisch aber nicht mehr als einen schwankenden Stapel vollgekritzelter Notizbücher, die nicht zur Veröffentlichung taugten. In seinen Mitteilungen an Engels hielt Marx indes die Lüge aufrecht, dass alles prächtig vorangehe: »Die ganze Lehre vom Profit, wie sie bisher war, habe ich über den Haufen geworfen«, schrieb er ihm im Januar 1858 voller Triumph.

## NEIDER

Im gleichen Monat erschien Ferdinand Lassalles Buch über die Philosophie des Heraklitos. Marx verriss das Werk, auch um sein eigenes Unvermögen herunterzuspielen, gegenüber Engels als »ein sehr läppisches Machwerk«. Neidvoll lästerte er über diesen selbsternannten Führer des deutschen Sozialismus: »Jeder Kenner weiß aber, wie wohlfeil es ist, wenn man Zeit und Geld hat und wie Herr Lassalle direkt die Bonner Universität ad libitum ins Haus geschickt bekommt, derartige Zitatenschaustellung zusammenzubringen ... Jedes Wort ein Schnitzer, aber mit merkwürdiger Prätention vorgetragen.«

## LOBHUDELEI

Gegenüber dem Autor schlug Marx sehr viel freundlichere Töne an: »Ich habe ... Deinen Heraklitos durchstudiert und finde die Wiederherstellung des Systems aus den zerstreuten Reliquien meisterhaft, wie mich nicht minder der Scharfsinn in der Polemik angesprochen ...« Dieses Lob war nicht ganz uneigennützig, denn Lassalle, der Marx freundschaftlich verbunden war, dessen Ideen lobte, ihn zur Arbeit ermunterte und gelegentlich Geld nach London schickte, hatte angeboten, für ihn einen Vertrag mit dem Berliner Verleger Franz Duncker zu arrangieren.

## KLATSCH & TRATSCH

Marx liebte es, über seine vielen Bekannten, die ihn ihrerseits nicht selten als Freund ansahen, launig herzuziehen. In einem Brief an Engels vom 24. November 1858 stellte er eine Liste mit dem neuesten Klatsch über seine »Exilfreunde« zusammen, die ihm zuvor der Publizist Karl Blind gegeben hatte: »1. Frau Kinkel hat sich letzten Montag vor acht Tagen aus dem Fenster gestürzt, ist seitdem begraben worden ... Freiligrath ist so gerührt, dass er für wenigstens 14 Tage mich als ›Frivolen‹ vermeiden wird. 2. Fröbel ist hier. Hat reiche Frau geheiratet ... Diese Hunde verlangen alle nur, sobald sie have found their bread and cheese [ihr Brot und ihren Käse gefunden haben], einen blasierten Prätext, um dem Kampf valet zu sagen. Rindvieh Ruge hat bei Prutz bewiesen, dass ›Shakespeare kein dramatischer Dichter‹, weil er ›kein philosophisches System hatte‹. 4. Der blödsinnige Everbeck ist seit zwei Jahren wieder in Paris ... hatte sich von Ribbendrop verleiten lassen, dessen Magd zu heiraten, fand dann, dass Erstrer Letztre vögelte, dann Scheidung, Prozess etc. 5. Doktor Freund soll so herunter sein, dass er die Leute auf der Straße um ein sh. angegangen haben soll. 6. Lump Landolphe, der als Bettler wieder in England auftauchte, ist durch Blinds Vermittlung in einer deutschen Schule in Bratford.«

Kurze Zeit später musste sich auch Genosse Blind in so eine Liste einreihen lassen: »Sau-Blind hat in der letzten Nummer des Hermann einen Brief

Mazzinis an ihn veröffentlicht. Dieser zudringliche Molch hat Mazzini offenbar überredet, dass er der Repräsentant der deutschen Emigration.«

## OPFER EINER VERSCHWÖRUNG

Als das erste des in einzelnen Heften erscheinenden »unglücklichen Manuskripts« im Juli 1859 nach endlosen Verzögerungen – bereits 1845 hatte Marx behauptet, er habe die ökonomische Abhandlung im Wesentlichen fertig – unter dem Titel *Zur Kritik der politischen Ökonomie* endlich erschien, löste es bei seinen Freunden und Bewunderern leider nur Konsterniertheit aus. Von Wilhelm Liebknecht hieß es, »dass noch nie ein Buch ihn so enttäuscht« habe.

»Die stillen, langgehegten Hoffnungen auf Karls Buch wurden alle zuschanden durch die conspiration de silence [Verschwörung des Schweigens] der Deutschen«, klagte Jenny, »die nur unterbrochen wurde durch ein paar elende belletristische Feuilletonartikel, die sich nur auf die Vorrede und nicht auf den Inhalt des Buches bezogen. Das 2te Heft wird die Siebenschläfer aus der Lethargie wecken ...«

## GALGENHUMOR

In einem Morast von Sorgen gefangen – Eleanor litt an Keuchhusten, Jenny war »ein nervliches Wrack«, Lebensmittelhändler, Pfandhausbesitzer und Geldverleiher wollten die offenen Rechnungen beglichen wissen –, konnte Marx kaum ein Wort aufs Papier bringen. »Ich glaube nicht, dass unter solchem Geldmangel je über ›das Geld‹ geschrieben worden ist. Die meisten autores über dies Subject waren in tiefem Frieden mit the subject of their researches.«

## SCHARLATAN

Bevor allerdings weitere Hefte der *Politischen Ökonomie* erschienen, ließ sich Marx auf ein spektakuläres, aber absurdes Intermezzo ein. Ein gewisser Karl Vogt, Professor an der Universität Bern, hatte heimlich Zahlungen von Napoleon III. erhalten. Marx gab diese Information an einen Journalisten weiter, und sie wurde in der Wochenzeitung *Das Volk* und in der *Augsburger Allgemeinen Zeitung* veröffentlicht. Im Gegenzug brachte Vogt das Büchlein *Mein Prozess gegen die Allgemeine Zeitung* heraus und denunzierte darin Marx als Scharlatan: »Er lacht über die Narren, welche ihm den Proletarier-Katechismus nachbeten, so gut wie über die Kommunisten à la Willich, so gut wie über die Bourgeois«, belegte Vogt seine Anschuldigungen anhand eines Briefs von einem ehemaligen Mitkämpfer aus Baden, der Marx auf einer Versammlung der Kommunisten im Jahr 1850 in London dergestalt beschrieb: »Die Einzigen, die er achtet, sind die Aristokraten, die reinen und die es mit Bewusstsein sind.« Vogts Buch wurde in Deutschland ein Bestseller.

## EHRVERTEIDIGER

Über Wochen musste sich Marx mit Hörensagen über die »hundsföttischen Gemeinheiten« des Herrn Vogt begnügen. Als das Buch endlich in London eintraf, fand er »nichts als Scheiße, Spielerei«. Marx klagte gegen die *Berliner Nationalzeitung,* als er darin Vogts Vorwürfe wiedergegeben fand. Die Verteidigung seiner Ehre sollte eine kostspielige Angelegenheit werden. Allein für Porto musste er einige Pfund investieren, weil er Dutzende Briefe an alte Genossen versandte, die für ihn als Leumundszeugen auftreten sollten. Hinzu kamen die Kosten für einen in Berlin engagierten Advokaten. Ein Pfund lieh sich Marx von seinem Bäcker – eine Ironie für jemanden, der die Verleumdung entkräften wollte, er habe die Arbeiter ausgenommen.

Am 5. Juni 1860 wurde die Klage Marx' abgewiesen. Das Gericht entschied, die Artikel der *Nationalzeitung* zeigten »nicht die Absicht zu beleidigen«. Marx kommentierte: »Wie der Türke, der dem Griechen den Kopf abschnitt ohne die Absicht, wehe zu tun.«

## GEGENANGRIFF

Marx beschloss, sich seinerseits mit spitzer Feder zu rächen. In der Streitschrift *Herr Vogt* beschimpfte er seinen Gegner auf mehr als 300 Seiten als billigen Cicero, humorlosen Falstaff und Skunk, der »im Augenblick der höchsten Gefahr nur eine Defensive besitzt, seinen offensiven Geruch«. Engels pries das Werk als »sicher die beste polemische Schrift, die du noch geschrieben« und stellte es über den *Achtzehnten Brumaire des Louis Bonaparte.* Aber als *Herr Vogt* am 1. Dezember 1860 erschien, fand es nirgends Beachtung. Marx flüchtete sich in geistige Anästhesie: »Ein Umstand, der mir sehr nützlich, war ein scheußlicher Zahnschmerz«, schrieb er an Engels. »Dieser physische Druck befördert sehr die Denkunfähigkeit und daher Abstraktionskraft, denn, wie Hegel [sagt], das reine Denken oder reine Sein oder Nichts [sind] identisch.«

## HIOB

Das Weihnachtsfest 1860 gestaltete sich nicht nur wegen des Misserfolgs von *Herrn Vogt* trüb. Jenny war an Pocken erkrankt, die sie binnen Wochen um Jahre altern ließen und ihr Gesicht mit Narben entstellten. Vor Erschöpfung und Sorge stellte sich Marx' Leberleiden wieder ein. »Ich bin so geplagt wie Hiob«, stöhnte er, »obgleich nicht so gottesfürchtig.«

## UNGLÄUBIGER

Am 12. Januar 1861 erließ der neue preußische König Wilhelm I. eine Amnestie für politische Emigranten. Sogleich schlug Lassalle Marx und Engels vor, in die Heimat zurückzukehren, um nach dem Vorbild der *Neuen Rheinischen Zeitung* ein neues »Parteiorgan« herauszugeben. Marx glaubte nicht so recht an das Projekt: »Die Wellen in Deutschland schlagen noch nicht hoch genug, um unser Schiff zu tragen.«

## SALONLÖWE

Als Marx erfuhr, dass Gräfin von Hatzfeld die Zeitung mit dreihunderttausend Talern unterstützen wollte, entschloss er sich doch zu einer Reise nach Berlin. Lassalle und die Gräfin nahmen ihn in ihr Haus auf und mit in die Oper, in Lassalles Privatloge, sie veranstalteten zu seinen Ehren ein Diner und luden dazu Berliner Prominenz ein, darunter die Verlegerin Ludmilla Assing, »das hässlichste Geschöpf, das ich je in meinem Leben gesehen habe«. Nach einem Monat war Marx von der Gastfreundschaft so gelangweilt »wie ein Mops«, wie er seinem Barmer Freund Carl Siebel mitteilte. »Ich werde wie ein Lion traktiert und bin gezwungen, viele professionell ›geistreiche‹ Herrn und Damen zu sehen. C'est affreux [das ist schrecklich].«

## WER MACHT DENN SO ETWAS?

Im Juli 1861 verübte der Student Oskar Becker ein Attentat auf König Wilhelm I. Der Anschlag missglückte. »Ich bin ganz erstaunt über die Nachricht vom Attentat auf Seine preußische Majestät«, kommentierte Marx den Vorfall. »Wie konnte irgendein Mensch mit normalem Verstand seinen eigenen Kopf riskieren, um einen hirnlosen Esel zu töten?«

## DAMNED FOREIGNERS

Marx unternahm mit Edgar Bauer und Wilhelm Liebknecht eine Kneipentour. Zwischen Oxford Street und Hampstead Street lagen achtzehn Pubs, und in jeden kehrten sie ein. Als sie auf eine Gruppe von Handwerkern trafen, die sich als Odd Fellows zu erkennen gaben, Mitglieder ein philantropischen Ordens, prostete man einander zu und die Unterhaltung entwickelte sich lebhaft. Bei Trinksprüchen gegen die »russischen Junker« war man sich noch einig, auch wenn Liebknecht auffiel, dass die Engländer Probleme hatten, »prussian« und »russian« zu unterscheiden. Dann begann Edgar Bauer über englische Snobs zu räsonieren; die Gesichter der Handwerker wurden länger. Schließlich mischte sich der gut beschwipste Marx ein und hielt den Engländern vor, nicht auf der Stufe der deutschen Kulturentwicklung zu stehen. Man sähe es daran, dass England keine Komponisten wie Beethoven, Mozart, Händel und Haydn habe. Das brachte bei den höflichen Odd Fellows das Fass zum Überlaufen. »Verdammte Ausländer«, schimpfte einer, andere drohten mit den Fäusten. Es blieb nur die Flucht aus dem Lokal. Dabei stolperte Bauer über einen »Haufen Chausseesteine, griff sich einen und warf nach einer Gaslaterne«, berichtete Liebknecht. »Unsinn steckt an – Marx und ich zerbrachen drei, vier weitere. Das rief nachts, 2 Uhr, die Policemen auf den Plan.« Die deutschen Emigranten suchten das Weite, bevor die Bobbys sie festnehmen konnten.

## PHILANTHROP

Als Marx und Liebknecht eines Abends mit dem Pferdeomnibus fuhren, beobachteten sie vor einem Pub einen Auflauf. Eine Frau schrie »murder! murder!« Marx sprang blitzschnell vom Bus und stürzte sich ins Gewühl. Liebknecht versuchte Schlimmeres abzuwenden. Der Tumult ging von einem streitenden Ehepaar aus, das sich unverzüglich versöhnte, als die »damned foreigners« schlichten wollten, und nun auf diese losging. »Und wären nicht zwei kräftige Konstabler rechtzeitig auf dem Kriegsschauplatz erschienen, so hätten wir unseren philanthropischen Interventionsversuch teuer zu bezahlen gehabt.« Später, so bemerkte Liebknecht, war Marx mit solchen Annäherungsversuchen an das Londoner Proletariat »etwas vorsichtiger«.

## Zurückgezogen

So wenig, wie sich die britische Öffentlichkeit für Marx interessierte, »war Marx um 1860 nicht daran interessiert, englische Schüler oder Anhänger zu haben, weil er mit einem anderen Projekt befasst war, das ihm viel mehr bedeutete – die intellektuelle Abrechnung mit der klassischen Politökonomie«. So zog er sich in den folgenden vier Jahren wieder in die Anonymität des Lesesaals des Britischen Museums zurück, wo er seinen großen Schlag gegen den Kapitalismus plante.

## Blaubücher

Die Blaubücher der Fabrikinspektoren Englands, die detailliertes Material zu den Produktionsprozessen versammelten, schätzte Marx sehr. Er konnte sich dieser Berichte allerdings nur bedienen, weil die Mitglieder des Unterhauses sowie des Hauses der Lords, an die die dickleibigen Bücher verteilt wurden, sie meist sofort wieder an Altpapierhändler verkauften. Dort konnte sie Marx, der die Berichte zu den wichtigsten und bedeutendsten Dokumenten zum Studium der kapitalistischen Produktionsweise zählte, billig nach Gewicht erwerben.

Laut Paul Lafargue entstanden ungefähr zwanzig Seiten im *Kapital* über die englische Arbeitsschutz-Gesetzgebung nach dem Studium einer ganzen Bibliothek von Blaubüchern. Welch hohe Meinung Marx von den sachverständigen, unparteiischen und rücksichtslosen Verfassern, den Inspektoren, hatte, ist von ihm im Vorwort zum ersten Band des *Kapital* ausdrücklich hervorgehoben worden.

## FORTSCHRITTE

Plötzlich löste Marx theoretische Probleme, an denen er bisher gescheitert war, wie etwa die Frage nach der »Grundrentenscheiße«. Statt, wie im damaligen England üblich, die Differenz zwischen Wert und höherem Kostpreis eines landwirtschaftlichen Produkts vom Grundbesitzer in Form einer höheren Rente einzustreichen, sollte im Sozialismus der Überschuss umverteilt werden. Wenn der Marktpreis gleich bliebe, würde sich der Wert der Ware, also ihr »sozialer Charakter« beträchtlich ändern. Marx war so begeistert von diesem Fortschritt, dass er, als der Arzt Ludwig Kugelmann aus Hannover sich Ende 1862 danach erkundigte, wann denn das nächste Heft der *Beiträge zur Kritik der politischen Ökonomie* erscheine, etwas überoptimistisch antwortete: »Der zweite Teil ist nun endlich fertig, das heißt bis zum Reinschreiben und der letzten Feilung für den Druck.« – Das Manuskript war natürlich noch lange nicht vollendet, aber ein neuer Titel spukte Marx im Kopf herum, den er im Brief an Kugelmann erstmals erwähnte: *Das Kapital.*

## PIETÄTLOS

Bereits bei seinem ersten Aufenthalt in Manchester 1842 begegnete Friedrich Engels Mary Burns, einem irischen Mädchen proletarischer Herkunft, mit der er ab 1845 ohne Trauschein zusammenlebte. Seine Liebe war Ursache der wohl einzigen Abkühlung in der sonst steten Partnerschaft zu Marx. Als Mary am 6. Januar 1863 plötzlich verstarb, war Engels untröstlich. »Die Nachricht vom Tode der Mary hat mich ebenso sehr überrascht wie bestürzt«, schrieb Marx in seinem Beileidsschreiben, um sich sodann lang und breit über seine eigenen Plagen auszulassen: die Miete sei überfällig, und die Kinder gingen nicht in die Schule, weil das Schulgeld ausstand und ihre einzigen tragbaren Kleider und Schuhe im Pfandhaus lagen. Auch sein Schlusssatz handelte mehr von den eigenen Sorgen als von Engels' Verlust: »Hätte nicht statt Mary meine Mutter, die ohnehin jetzt voll körperlicher Gebrechen und ihr Leben gehörig ausgelebt hat …?«

## WENN ZYNISMUS HILFT

Als Marx gewahr wurde, dass Engels die egoistische und »frostige Auffassung« über dessen Leid erbost hatte, schrieb er ihm einen reuevollen Brief: »Es war von mir sehr unrecht, dass ich Dir diesen Brief schrieb, und ich bereute ihn, sobald er abgeschickt war. Es geschah dies jedoch keineswegs aus Herzlosigkeit. Meine Frau und Kinder werden mir bezeugen, dass ich beim Eintreffen Deines Briefs (der frühmorgens kam) so sehr erschüttert war als bei dem Todesfall der mir Nächsten. Als ich Dir aber abends schrieb, geschah es unter dem Eindruck sehr desperater Umstände. Ich hatte den broker [Gerichtsvollzieher] im Haus vom landlord, einen Wechselprotest vom Metzger, Mangel an Kohlen und Lebensmitteln im Haus und Jennychen im Bett liegen. Unter solchen circumstances weiß ich mir generally nur durch den Zynismus zu helfen.« Es ist die einzige ehrliche Entschuldigung, zu der sich Marx jemals aufraffte.

## BLICK NACH AMERIKA

Wie in anderen europäischen Ländern gab es Anfang der 1860er Jahre auch in England nach mehrjährigem Stillstand eine neue Welle an politischen Aktionen durch die Arbeiterklasse. Hinter vielen dieser Aktivitäten stand der 1860 gegründete Londoner Trades Council. Im März 1863, mitten im amerikanischen Bürgerkrieg, veranstaltete er eine Großkundgebung in St. James's Hall zur Unterstützung von Abraham Lincolns Kampf gegen die Sklaverei. Marx, der deswegen einen seiner seltenen Ausflüge in die Stadt unternahm, merkte erfreut an: »Die Arbeiter selbst sprachen so vorzüglich, mit völliger Beseitigung aller Bürgerrhetorik.«

## SEI GEGRÜSST, O CONSTABLER ...

Eines Tages wurde Marx ein merkwürdiges Schreiben zugestellt. Man teilte ihm mit, dass er zum »Constabler der Gemeinde Saint Pancras« gewählt worden sei. Engels war sehr belustigt: »Salut, ô connétable de Saint Pancrace (sei gegrüßt, o Constabler von Saint Pancras)! Schaff Dir nur eine würdige Rüstung an, einen roten Schlafrock, weiße Schlafmütze, hinten niedergetretne Pantoffeln, weiße Unterhose, lange irdene Pfeife und a pot of porter.«

Marx ging natürlich nicht zur Vereidigung, was er Engels gegenüber mit den Worten seines irischen Nachbarn so kommentierte: »I should tell them that I was a foreigner and that they should kiss me in the ars [Ich soll ihnen sagen, ich sei Ausländer, und sie sollen mich am Arsch lecken].«

## REISE NACH TRIER

»Wenn er doch nur den rechten Wege eingeschlagen hätte«, hatte Henriette Marx einmal über ihren Sohn gegenüber einer Verwandten geklagt, »was aus ihm nicht alles hätte werden können!«

Im November 1863 traf Nachricht aus Trier über den Tod der Mutter ein. Engels sandte Marx zehn Pfund für die Reise nach Trier, wo sich die Ausführung ihres letzten Willens mehrere Monate hinzog.

Marx schrieb an Jenny: »Meine Mutter starb um 4 Uhr nachmittags, 30. November, am Tag und der Stunde ihrer Verheiratung. Sie hatte vorhergesagt, dass sie um diese Zeit sterben würde.«

## GRABREDNER

Einige Monate später wurde der Familie ein weiterer Geldsegen zuteil. Wilhelm »Lupus« Wolff verstarb am 9. Mai 1864 an Meningitis und vermachte Marx seine gesamte Habe. Seit 1853 hatte er zurückgezogen als Sprachlehrer in Manchester gelebt.

»Ich glaube nicht, dass irgendjemand in Manchester so allgemein beliebt war wie unser kleines armes Männchen«, schrieb Marx an Jenny, nachdem er die Grabrede gehalten hatte.

Als Nachlassverwalter stellten Marx und Engels fest, dass der bescheidene Wolff ein kleines Vermögen angesammelt hatte: nach Begleichung aller Kosten blieb dem Haupterben eine Summe von 820 Pfund – mehr als Marx je mit Schreiben verdient hatte. Es erklärt, warum das drei Jahre später erscheinende *Kapital* Wilhelm Wolff, »meinem unvergesslichen Freunde, dem kühnen, treuen, edlen Vorkämpfer des Proletariats« gewidmet ist – und nicht Friedrich Engels.

## HAUSTIERE

Marx und seine Familie verloren keine Zeit, das Geld auszugeben. Das neu bezogene, einzeln stehende Haus im noblen Viertel Maitland Park, Modena Villas Nr. 1, wurde im Handumdrehen möbliert und eingerichtet. Für die Kinder wurden Haustiere angeschafft – drei Hunde, drei Katzen, zwei Vögel – die die Namen von Marx' Lieblingsgetränken erhielten, darunter Whisky und Toddy.

Die Jahre drückender Not im Leben von Marx sind keine Legende. Doch sobald es die finanziellen Verhältnisse ermöglichten, wurde ein großbürgerlicher Lebensstil gepflegt und Geld, das ins Haus kam, sogleich wieder ausgegeben. Auch die beiden Erbschaften von 1864 rannen Marx binnen kürzester Zeit wieder durch die Finger. So luden »Dr. Karl Marx und Jenny Marx« mit 50 goldumrandeten Kärtchen zum Ball in ihre »residence« ein. Ein Orchester spielte auf, und Bedienstete sorgten für das Wohl der Gäste.

## IM AKTIENGESCHÄFT

In einem Brief an seinen Onkel, den Bankier Lion Philips, verblüffte Marx mit einem noch erstaunlicheren Detail seines neuen gehobenen Lebensstils: »Ich habe, was dich nicht wenig wundern wird, spekuliert ... Ich habe in dieser Art über 400 Pfund gewonnen und werde jetzt, wo die Verwicklung der politischen Verhältnisse neuen Spielraum bietet, von neuem anfangen. Diese Art von Operationen nimmt nur wenig Zeit fort, und man kann schon etwas riskieren, um seinen Feinden das Geld abzunehmen.«

## DER STILLE BEOBACHTER

Auf einem Treffen des Trades Council mit französischen Proletariern beschloss man, sich zur »Internationalen Arbeiterassoziation« zusammenzuschließen. Da sie ihrem Namen gerecht werden und mehr als eine britisch-französische Vereinigung sein wollten, wurde der Franzose Victor Le Lubez mit dem Anliegen zu Marx entsandt, jemanden zu empfehlen, der für die »deutschen Arbeiter« spreche. Marx schlug den Schneider Johann Georg Eccarius vor, einen alten Mitkämpfer aus dem Bund der Kommunisten. Engels gegenüber bemerkte er anerkennend, dass dieser »sich famos herausbiss«.

Weil es auf dieser Versammlung an Angehörigen der Mittelklasse fehlte, war Marx bereit, von seiner »sonst stehenden Regel, to decline any such invitations«, abzusehen und als stiller Beobachter in die Saint Martin's Hall in Covent Garden zu kommen. Auf dieser Gründungsveranstaltung der Internationalen Arbeiterassoziation im September 1864, die als I. Internationale in die Geschichte einging, wurde Marx am Ende doch ein Platz im Generalrat zuteil.

## BONAPARTIST

Bei solch einer heterogenen Vereinigung wie der Internationalen verlief keineswegs alles einhellig. Im Generalrat gab es selbst innerhalb der kleinen Gruppe der Franzosen zwei unversöhnliche Fraktionen: die mittelständischen Republikaner um Victor Le Lubez, die sich den Idealen von Freiheit, Gleichheit, Brüderlichkeit verschrieben hatten, aber für Industrie- und Eigentumsfragen kaum Interesse zeigten, und die Anhänger des anarchischen Soziologen und Ökonomen Pierre-Joseph Proudhon, die Republiken verdammten. Eine dienstägliche Ratssitzung im März 1865 war so stürmisch, dass sie »speziell auf die Engländer den Eindruck machte, dass die Frenchmen stand really in need of a Bonaparte [dass die Franzosen wirklich einen Bonaparte brauchen]«, wie Marx Engels mitteilte.

## ZEITVERSCHWENDUNG

1865 war Marx faktisch der Führer der Internationale, was ihm einen vollen Terminkalender einbrachte. »Welch Zeitverlust!«, stöhnte er gegenüber Engels. Dieser prophezeite: »Das Ding wird noch allerhand solche Phasen durchmachen und dir viel Zeit kosten.« Zeit, die Marx vor allem nutzen sollte, um am *Kapital* zu schreiben. Erst nach dem Tod seines Freundes gestand Engels in einem

Brief an Laura Lafargue ein: »Mohrs Leben ohne die Internationale wäre wie ein Brillantring, aus dem der Edelstein herausgebrochen ist.«

## WAHLRECHT

Mitte der sechziger Jahre war die wichtigste Frage im britischen Parlament die Erweiterung des Wahlrechts. Auch Marx und die Genossen von der Internationale engagierten sich und gründeten eine Reformliga, die sich für das allgemeine Wahlrecht der männlichen Bevölkerung einsetzen sollte. »Die Reform League ist our work«, teilte er Engels stolz mit. Diese Aufgabe kam zu den übrigen Verpflichtungen hinzu: Marx nahm weiterhin an den Sitzungen der Internationale teil, schrieb am *Kapital*, hatte sich um die Nöte seiner Familie und die Forderungen seiner Gläubiger zu kümmern und kämpfte verstärkt mit Furunkeln auf seinem Hinterteil. Wenn er manchmal erst in den frühen Morgenstunden müde ins Bett fiel, fühlte er sich »so matt wie ein Hund« und wünschte, morgens nicht wieder aufzuwachen, schrieb er im Mai 1865 an Engels. – Gelohnt hat es sich allerdings kaum. Zwar beschloss das Parlament im Sommer 1867 ein Reformgesetz, in dem die Vermögensschwelle für die Wähler in den Grafschaften herabgesetzt und das Stimmrecht auf alle städtischen Hausbesitzer ausgedehnt wurde, aber das Ziel »Ein Mann – Eine Stimme« wurde nicht erreicht.

## Bürger Marx

Als die Internationale Arbeiter-Assoziation im Sommer 1866 ihren ersten gesamteuropäischen Kongress in Genf abhielt, war Marx zwar nicht anwesend, wurde aber mehrfach genannt. James Carter von den Frisörgesellen sprach: »Eben ist Bürger Marx erwähnt worden. Er hat die Bedeutung dieses ersten Kongresses genau verstanden, an dem nur Arbeiterdelegierte teilnehmen sollten. Daher hat er das Angebot des Generalrats abgelehnt, Delegierter zu werden.« Der Führer der Proudhonisten-Fraktion Henri Tolain ergänzte: »Als Arbeiter danke ich Bürger Marx dafür, dass er das ihm angebotene Delegiertenmandat nicht angenommen hat. Damit hat Bürger Marx demonstriert, dass an Arbeiterkongressen nur Arbeiter teilnehmen sollten.«

Wahrscheinlich verzichtete Marx auf die Reise nach Genf, weil er keine ermüdenden Reden der Befürworter des Ausschlusses von Nichtproletariern hören wollte und stattdessen lieber einige Tage ungestört am *Kapital* arbeiten wollte.

## Der Geheimbund der Achtblättler

Marx hatte auf einer Versammlung wieder einmal über eines seiner zentralen Anliegen, über die nationale und internationale Assoziation der Arbeiter gesprochen. Nach dem Vortrag, der mit großer

Begeisterung aufgenommen wurde, erbat ein Arbeiter von dem verdutzten Marx Aufklärung darüber, ob die Assoziation der Achtblättler, von der er gesprochen hatte, ein Geheimbund sei. – Er hatte bei Marx' rheinländischer Aussprache anstatt »Arbeiter« »Achtblättler« verstanden.

Die Achtblättler sorgten immer von neuem für ausgelassene Heiterkeit im Marx'schen Freundeskreis. Sie wurden schließlich zu seinem heimlichen Signet, nachdem eine seiner Verehrerinnen auf die Idee kam, sie ihm als Geschenk auf einen Bucheinband zu sticken: acht Efeublätter, die einen Eichenstamm, Marx symbolisierend, umrankten.

## DROHUNG

Durch die Vermittlung von Wilhelm Strohn, einem alten Freund vom Kommunistenbund, bekam Marx Kontakt mit dem Hamburger Verleger Otto Karl Meißner, mit dem er 1865 einen Vertrag über die Veröffentlichung des *Kapitals* schloss. Da er das Manuskript ständig überarbeitete, verschob sich der Termin immer wieder. Meißner wurde ungeduldig, warf Marx Faulheit vor und schrieb an den säumigen Autor: »Ihr Manuskript *Das Kapital,* das für uns zu schreiben Sie sich verpflichtet haben, ist seit 18 Monaten überfällig. Falls wir das Manuskript nicht innerhalb der nächsten sechs Monate erhalten, sehen wir uns leider genötigt, einen anderen Autor mit der Arbeit zu beauftragen.«

## KOPIST

Schließlich lag das Manuskript für *Das Kapital* Ende 1865 nahezu fertig vor: 1100 Seiten in kritzeliger Schrift, mit Streichungen und Tintenklecksen übersät. Am Neujahrstag 1866 setzte Marx sich hin, um eine leserliche Kopie herzustellen und dem Werk stilistisch den letzten Schliff zu geben, »das Kind glattzulecken nach so vielen Geburtswehn«. Doch seine diversen Krankheiten – Furunkel, Rheuma, Zahnschmerzen und sein altes Leberleiden – oder sonstige Missgeschicke, und sei es nur der Schreibwarenhändler, der ihm aufgrund offener Rechnungen kein Papier rausgeben wollte, verzögerten die endgültige Fertigstellung.

## ANGEDROHTE PRÜGEL

In dieser Zeit kam es höchst ungelegen, dass der Medizinstudent Paul Lafargue, der Marx in der Internationale kennengelernt hatte, um die zwanzigjährige Tochter Laura freite. Der junge Mann französisch-spanisch-indianisch-afrikanischer Herkunft war Marx ob seiner politischen Ansichten suspekt: »Dieser verdammte Schlingel Lafargue belästigt mich mit seinem Proudhonismus«, beklagte sich Marx bei seiner Zweitältesten, »und wird wohl nicht eher ruhen, bis ich ihm einmal tüchtig etwas auf seinen Kreolenschädel gegeben habe.«

## In die Schranken gewiesen

Auch die stürmischen Werbemethoden Lafargues stießen auf die Missbilligung des Vaters, dass er sich am 13. August 1866 veranlasst sah, dem übereifrigen Verehrer einen Brief zu schreiben, der jedes viktorianischen Familienvaters würdig gewesen wäre: »Mein lieber Lafargue, gestatten Sie mir folgende Bemerkungen: Wenn Sie Ihre Beziehungen zu meiner Tochter fortsetzen wollen, werden Sie Ihre Art ›den Hof zu machen‹ aufgeben müssen. Sie wissen gut, dass noch kein Eheversprechen besteht, dass alles noch in der Schwebe ist. … Meiner Meinung nach äußert sich wahre Liebe in Zurückhaltung, Bescheidenheit und sogar in der Schüchternheit des Verliebten gegenüber seinem Idol, und ganz und gar nicht in Gemütsexzessen und in einer zu frühen Vertraulichkeit. … Falls Sie Ihre Liebe zu ihr nicht in der Form zu äußern vermögen, wie es dem Londoner Breitengrad entspricht, werden Sie sich damit abfinden müssen, sie aus der Entfernung zu lieben.«

Das Eheversprechen ließ allerdings nicht lange auf sich warten. Kaum einen Monat, nachdem Marx den Brief geschrieben hatte, wurde Lauras Verlobung mit Paul Lafargue bekanntgegeben.

## DIE RECHNUNG GEHT NICHT AUF

»*Das Kapital* wird mir nicht einmal so viel einbringen, als mich die Zigarren gekostet haben, die ich beim Schreiben geraucht habe«, stellte Marx selbstironisch eine Kosten-Nutzen-Rechnung auf. Noch verschwenderischer ging er mit Streichhölzern um: wenn er über seinen Studien saß, vergaß er oft, an seiner Zigarre zu ziehen, sodass er sie immer wieder anzünden musste und in kürzester Zeit eine ganze Schachtel leerte.

## GEPLAGT

Den ganzen Winter 1866/67 über wurde Marx von seinen üblichen Leiden geplagt, aber selbst sie konnten ihn nicht an seinem Entschluss hindern, Band 1 des *Kapitals* zu vollenden. An den letzten Seiten arbeitete er stehend an seinem Tisch, weil sein Körper wieder voller Furunkel war und er vor Schmerzen nicht sitzen konnte. Der erprobte Leser Engels entdeckte im Manuskript sofort einen düsteren Ton in gewissen Passagen, die »ein etwas gedrücktes Karbunkelgepräge« verrieten. »Jedenfalls hoffe ich, dass die Bourgeoisie ihr ganzes Leben lang an meine Karbunkeln denken wird«, schimpfte Marx. »Welche Schweinehunde es sind!«

## EIN WIEDERSEHEN

Nachdem Marx seine kostbaren Blätter bei seinem Verleger abgegeben hatte, der sie sofort zum Setzen gab, weilte er vier Wochen als Gast des gutsituierten Arztes Dr. Ludwig Kugelmann in Hannover, um zugegen zu sein, wenn die Fahnen gelesen werden mussten. »Kugelmann ist ein sehr bedeutender Gynäkolog«, schrieb er an Engels. »Kugelmann ist zweitens ein fanatischer (und mir zu bewundernder) Anhänger unsrer Doktrin und unsrer beiden Personen. Er ennuyiert mich manchmal mit seinem Enthusiasmus …« Im Haus des Mediziners stieß Marx auf die *Heilige Familie,* die er nicht mehr in der Hand gehalten hatte, seit sein eigenes Exemplar kurz nach Erscheinen verschwunden war.

## SORGLOS

Marx ging sorglos mit seinen Werken um, »wenn dieselben ihre Schuldigkeit getan hatten«, erinnerte sich Friedrich Leßner. »Wenn einmal auf seine Schriften aus früheren Zeiten die Rede kam, pflegte er mir zu sagen: ›Wenn du meine Schriften vollständig haben willst, so musst du zu Lassalle gehen, der hat sie alle gesammelt. Ich selbst besitze von den meisten kein Exemplar.‹« Manchmal ersuchte er auch Leßner um eines seiner eigenen Bücher.

## ARISTOKRATISCHE NEIGUNGEN

Während des Aufenthaltes bei Familie Kugelmann beteiligte sich Marx angeregt an den Tischgesprächen, die sich um Literatur, Kunst, Musik drehten. Fragen zu seinen politisch-ökonomischen Anschauungen blockte er hingegen meist ab. Einmal jedoch konnte er sich den bohrenden Fragen eines Besuchers nicht entziehen, der wissen wollte, wer denn wohl im Sozialismus die Stiefel putzen solle. Marx reagierte darauf unwirsch und erwiderte: »Das sollen Sie tun!« Nachdem der Herr gegangen war, sagte Gertrud Kugelmann, die Dame des Hauses: »Lieber Marx, ich kann mir Sie auch nicht in einer nivellierenden Zeit denken, da Sie durchaus aristokratische Neigungen und Gewohnheiten haben.« – »Ich auch nicht«, antwortete Marx. »Diese Zeiten werden kommen, aber wir müssen dann fort sein.«

## PREUSSISCHES STAATSINTERESSE

Gleich in den ersten Tagen in Hannover erfuhr Marx zu seinem Erstaunen von dem großen Interesse an seiner Person seitens des preußischen Staates. Bismarck schickte einen Beamten, um Marx anzuwerben. Amüsiert lehnte er das Ansinnen des Ministerpräsidenten ab, »ihn und seine großen Talente im Dienst des deutschen Volks zu verwerten«, wie Bismarck in seinem Angebot gelockt hatte.

## Ein gemachter Mann

In Hannover schien es Marx, als ob die Jahre der Abgeschiedenheit, Krankheit, Schlaflosigkeit und Verwahrlosung nun endgültig vorüber seien. »Es ist mir immer so gewesen«, bestätigte Engels in einem Brief vom 27. April 1867, »als wenn dies verdammte Buch, an dem Du so lange getragen hast, der Grundkern von allem Deinem Pech war und Du nie herauskommen würdest und könntest, solange dies nicht abgeschüttelt.« Marx erwiderte: »Ich hoffe und glaube zuversichtlich, nach Jahresfrist so weit ein gemachter Mann zu sein, dass ich von Grund auf meine ökonomischen Verhältnisse reformieren und endlich wieder auf eignen Füßen stehn kann.« – Von wieder konnte allerdings keine Rede sein.

## Verwirrung des Gehirns

Die Reaktionen auf Marx' Werk fielen bei seinem Erscheinen jedoch ziemlich gedämpft aus. Bei vielen, selbst einigen Marx-Schülern, stieß *Das Kapital* auf Unverständnis, und es erging ihnen so wie dem englischen Sozialisten William Morris. Bei der Lektüre erlitt er eine »Agonie der Verwirrung des Gehirns … Jedenfalls habe ich gelesen, was ich konnte, und ich hoffe, dass davon einige Information hängengeblieben ist.«

## SANFTE KRITIK

Selbst Engels beklagte die unübersichtliche Form des Großprojektes: »Wie hast Du die äußere Einteilung des Buches so lassen können, wie sie ist? Das vierte Kapitel ist fast 200 Seiten lang und hat nur vier durch dünn gedruckte, kaum wiederzufindende Überschriften bezeichnete Abschnitte. Dabei der Gedankengang fortwährend durch Illustration unterbrochen und der zu illustrierende Punkt nie am Schluss der Illustration resümiert, sodass man stets von der Illustration eines Punkts direkt in die Aufstellung eines anderen Punkts hineinplumpst. Das ist scheußlich ermüdend und bei nicht ganz scharfer Aufmerksamkeit auch verwirrend.« Versöhnlich fügte er hinzu: »Alles das hat aber nichts zu sagen.«

## STILIST

Die ausbleibende Würdigung mag zudem mit dem Stil des *Kapitals* zu tun haben, der von kunstvollen Metaphern, philosophischen Abschweifungen und literarischer Rhetorik geprägt ist. Dass er das Thema auch sachlicher hätte behandeln können, beweisen zwei Vorträge vom Juni 1865, die später unter dem Titel *Lohn, Preis und Profit* veröffentlicht wurden. Marx selbst bezeichnete seine große ökonomische Schrift als »Kunstwerk« und »als

Vorzug meiner Schriften, dass sie ein artistisches Ganzes sind«, wie er es Engels noch in der Schreibphase darstellte. Auch Kritiker, die seine Theorie geringschätzig aufnahmen, lobten die stilistischen Vorzüge des Buches. So war im Londoner Magazin *Saturday Review* vom 18. Januar 1868 zu lesen: »Die Ansichten des Verfassers mögen so schädlich sein, wie wir sie sehen, aber unbestreitbar sind seine eingängige Logik, seine kraftvolle Rhetorik und der Charme, mit dem er die trockensten Probleme der Politökonomie darbietet.«

Besonderen Gefallen fand Marx an einem Artikel der *St. Petersburger Zeitung,* die die »ungewöhnliche Lebendigkeit« seiner Prosa herausstrich. »In dieser Hinsicht gleicht der Verfasser ... auch nicht von fern der Mehrzahl deutscher Gelehrter, die ... ihre Bücher in so verfinsterter und trockner Sprache schreiben, dass gewöhnlichen Sterblichen der Kopf davon kracht.«

## BIBEL-IMITATION

Die erste fremdsprachige Ausgabe – sie erschien 1872 in Russland – wurde hingegen ein sensationeller Erfolg. Grund dafür mag der Einband gewesen sein: *Das Kapital* des Religionskritikers Marx glich dem *Neuen Testament* wie ein Ei dem anderen.

# DEAR SIR

Marx fand mit seinem Hauptwerk einen berühmten und dankbaren Leser. Jedenfalls glaubte er es. Im Oktober 1873, wenige Monate nach Erscheinen der zweiten deutschen Auflage des *Kapitals,* erhielt er folgenden Brief:

»Downe, Beckenham, Kent

Dear Sir: Ich danke Ihnen für die große Ehre, die Sie mir mit der Übersendung Ihres großen Werkes über das Kapital erwiesen haben. Ich wünschte, ich wäre würdiger für eine solche Gabe und verstünde mehr von dem tiefgründigen, wichtigen Thema der politischen Ökonomie. Zwar forschen wir auf sehr unterschiedlichen Gebieten, aber ich glaube, dass wir beide ernsthaft nach Erweiterung des Wissens streben und dass dies auf lange Sicht dem Glück der Menschheit dienen wird.

Ich verbleibe, Dear Sir, als Ihr ergebener

Charles Darwin«

Das besagte Exemplar des *Kapitals,* das noch immer in einem Regal von Down House in Kent, heute ein Museum, steht, erzählt eine andere Geschichte. Es hat keine der für Darwin üblichen Randbemerkungen, und nur die ersten 105 der 822 Seiten des Bandes sind aufgeschnitten.

PS: Obwohl Darwins Wohnort Kent keine 20 Meilen entfernt von Marx' Wohnviertel Hampstead lag und sie mehrere gemeinsame Bekannte hatten, sind sich die beiden Männer, von denen der eine, wie Engels es formulierte, »das Gesetz der Entwicklung der organischen Natur« und der andere »das Entwicklungsgesetz der menschlichen Geschichte« entdeckt hatte, wohl nie begegnet.

## GESUCHT UND GEFUNDEN

Wenn Marx ein Gedanke kam, notierte er ihn schon mal auf ein Fitzelchen Papier, das er gerade zur Hand hatte. Einmal schrieb er eine Überlegung auf die Rückseite einer Rechnung und fand sie danach nicht wieder. Jenny, die die Rechnung an sich genommen und die Notiz entdeckt hatte, spielte die Ahnungslose und half ihrem Mann beim Suchen.

Schließlich schlug sie vor: »Vielleicht ist es das Beste, ich helfe dir mit einem eigenen Satz.« – »Und wie soll der lauten?«, fragte Marx. Jenny tat, als zerbreche sie sich den Kopf, und formulierte scheinbar Wort für Wort selbst: »Das industrielle Kapital ist die einzige Daseinsweise des Kapitals, worin nicht nur Aneignung von Mehrwert ... sondern zugleich dessen Schöpfung Funktion des Kapitals ist. Es bedingt daher den kapitalistischen Charakter der Produktion; sein Dasein schließt das des Klassengegensatzes von Kapitalisten und Lohnarbeitern ein.« – »Das ist genau mein Satz«, rief Marx perplex aus. Es war ein Satz, den er für den zweiten Band des *Kapitals* vorgesehen hatte. Er brauchte immerhin einige Sekunden, bis er sich die telepathischen Talente seiner Frau erklären konnte.

## Tagelöhner

Marx hatte fast zwei Jahrzehnte am *Kapital* gearbeitet. Freunde rechneten aus, dass er weniger Lohn dafür erhalten habe als ein Tagelöhner, und hielten das für Unrecht. »Die Frage ist doch«, sagte Marx lächelnd, »ob man es der bürgerlichen Welt zumuten kann, dass sie für die Ausfertigung ihres Todesurteils einen vernünftigen Preis bezahlt.«

## Marx schreibt an Ludwig Kugelmann …

»Jeder, der etwas von der Geschichte weiß, weiß auch, dass große gesellschaftliche Umwälzungen ohne das weibliche Ferment unmöglich sind. Der gesellschaftliche Fortschritt lässt sich exakt messen an der gesellschaftlichen Stellung des schönen Geschlechts (die Hässlichen eingeschlossen).«

## Sprachlos

Als Engels im Sommer 1870 seinen Anteil am Familienunternehmen an einen der Ermen-Brüder verkaufte, richtete er Marx eine jährliche Pension von 350 Pfund ein. Das verschlug dem Freund fast die Sprache: »Ich bin ganz knocked down durch Deine zu große Güte.«

## PROPHET

Im Juli 1870 kam es zum Ausbruch des Französisch-Preußischen Krieges, der einen verzweifelten Versuch Napoleons III. darstellte, seinen Machtanspruch zu bestärken, indem er Bismarck herausforderte. Geradezu prophetisch klang eine Aussage von Marx in einem Brief an Friedrich Adolph Sorge, den Organisator der Internationale für Amerika, vom September 1870. Darin äußerte er Bedenken hinsichtlich des Übermuts der Preußen wegen ihres militärischen Erfolgs: »Der jetzige Krieg führt, was die preußischen Esel nicht sehn, ebenso notwendig zu Krieg zwischen Deutschland und Russland … Auch wird dieser Krieg Nr. II als Hebamme der unvermeidlichen sozialen Revolution in Russland wirken.«

## VIVE LA RÉPUBLIQUE!

Trotz mancher Zweifel am positiven Ausgang der politischen Entwicklungen in Europa hieß Marx Anfang September 1870 die neue französische Republik in einer zweiten Adresse des Generalrats begeistert willkommen: »Vive la République!« Und: »Welche Elastizität, welche historische Initiative, welche Aufopferungsfähigkeit in diesen Parisern!«, schrieb er am 12. April 1871 an Ludwig Kugelmann. »Nach sechsmonatlicher Aushungerung und

Verruinierung durch innern Verrat noch mehr als durch den auswärtigen Feind erheben sie sich unter preußischen Bajonetten … Die Geschichte hat kein ähnliches Beispiel ähnlicher Größe!« – Von den 92 Kommunarden, die am 28. März 1871 durch allgemeine Volksabstimmung in Paris gewählt wurden, waren 17 Mitglieder der Internationale.

## NACHRUF

Am gleichen Tag beschloss man in London, Marx möge eine weitere »Adresse an das Volk von Paris« schreiben. Als Marx am 30. Mai endlich seine 50-Seiten-Adresse unter dem Titel *Der Bürgerkrieg in Frankreich* vorlegte, war es bereits ein Nachruf: Die Pariser Kommune war auf Befehl des liberalen Politikers Adolphe Thiers gestürzt und mindestens 20 000 Kommunarden waren ermordet worden.

*Der Bürgerkrieg in Frankreich* war eines der aufrüttelndsten Traktate von Marx: »Das Paris der Arbeiter, mit seiner Kommune, wird ewig gefeiert werden als der ruhmvolle Vorbote einer neuen Gesellschaft. Seine Märtyrer sind eingeschreint in dem großen Herzen der Arbeiterklasse. Seine Vertilger hat die Geschichte schon jetzt an jenen Schandpfahl genagelt, von dem sie zu erlösen alle Gebete ihrer Pfaffen ohnmächtig sind.« – Vielleicht war es Marx' größter Erfolg, dass er die rivalisierenden Fraktionen innerhalb der Internationale zeitweilig ihre Streitigkeiten vergessen ließ.

## Klatschreporter

Für die Abfassung der dritten Adresse sichtete Marx alle zugänglichen Dokumente und Presseberichte, offenbar auch die Klatschkolumnen. Über Thiers' Außenminister hieß es: »Jules Favre, in wilder Ehe lebend mit der Frau eines in Algier geborenen Trunkenbolds, hatte durch eine höchst verwegne Anhäufung von Fälschungen, die sich über eine lange Reihe von Jahren erstrecken, im Namen der Kinder seines Ehebruchs eine große Erbschaft erschlichen und sich dadurch zum reichen Manne gemacht.«

## Geborener Israelit

Mit Bemerkungen wie »Wo immer, und in welcher Gestalt immer, und unter welchen Bedingungen immer der Klassenkampf irgendwelchen Bestand erhält, da ist es auch natürlich, dass Mitglieder unsrer Assoziation im Vordergrund stehen« löste Marx in ganz Europa die paranoide Vorstellung aus, die Internationale sei »in der Tat die eigentliche Triebkraft, die mit rätselhafter, furchterregender Macht die ganze Maschine der Revolution steuert«, so das Londoner *Fraser's Magazine* im Juni 1871. Marx sei ein »geborener Israelit«, der sich an die Spitze »einer gewaltigen Verschwörung mit dem Ziel des politischen Kommunismus« gesetzt habe, so die *Pall Mall Gazette* am 20. Juli.

## GESCHMEICHELTER

Marx war von so viel Aufsehen um seine Person zunächst geschmeichelt: »Ich habe die Ehre, at this moment the best calumniated and the most menaced man of London [in diesem Moment der bestverleumdete und meistbedrohte Mann von London] zu sein«, schrieb er 18. Juni 1871 stolz an Ludwig Kugelmann.

## FLEISCHGEWORDENE REVOLUTION

Mitte Juli 1871 kam ein Korrespondent der New Yorker *World* nach Modena Villas, um sich den gefährlichen Deutschen aus der Nähe anzuschauen – und stellte verwundert fest, dass Marx wie ein Mann aus der Mittelklasse wirkte: »Können Sie sich eine Büste von Sokrates vorstellen, des Mannes, der lieber starb, als sich den Göttern seiner Zeit zu unterwerfen, dessen feingeschwungene Stirn in einen kleinen Höcker ausläuft, gefolgt von der Nase in Form eines halben Topfhakens? Lassen Sie eine solche Büste vor Ihrem geistigen Auge erscheinen, färben Sie den Bart schwarz mit grauen Einsprengseln, setzen Sie diesen Kopf auf einen stattlichen Körper mittlerer Größe, und Sie sehen den Doktor vor sich. Werfen Sie einen Schleier über den oberen Teil des Gesichts, und Sie sind in der Gesellschaft eines geborenen Kirchenältesten. Enthüllen Sie den wichtigsten Zug, die mächtigen Brauen, und Sie wissen sofort, dass Sie es mit einer formidablen Persönlichkeit zu tun haben – einem denkenden Träumer oder einem träumenden Denker«, so die skurrile Beschreibung des Journalisten.

## WIE WIRD MAN EINEN SPION LOS?

Als Marx im August 1871 auf Empfehlung seines Arztes zwei Wochen im Seebad Brighton Erholung suchte, erkannte er kurz nach seiner Ankunft in einem Mann an der Straßenecke einen ziemlich ungeschickten Spitzel. »Den zweiten Tag nach meiner Ankunft hier traf ich an der Ecke meiner Straße in wartender Position denselben Burschen, von dem ich Dir sagte, dass er Engels und mich verschiedne Mal auf unsrem Weg home begleitet habe, dass Engels ihn für einen Spion hielt und dass wir ihm einmal ›Winke‹ gaben«, schrieb er an seine Frau. »Du weißt, dass ich, generally speaking, kein Spionenriecher bin. Aber dieser Bursche ist mir offenbar und unleugbar auf Weg und Steg hier nachgefolgt. Gestern wurde mir die Sache langweilig. Ich blieb stehn, drehte mich um und fixierte den Kerl mit dem berüchtigten eyeglass. What did he do? Er zog sehr demütig seinen Hut ab und hat mich heute nicht mehr mit seinem Gefolg beglückt.«

## SPALTER

In Wahrheit existierte die große, disziplinierte Armee von Revolutionären, die Marx angeblich unterstand, nur in der Fantasie nervöser Politiker und Redakteure. Als die Pariser Kommune zerschlagen war, begann auch die Internationale nach und nach zu zerfallen. Im Juni 1872 veröffentlichte der Generalrat als Reaktion auf die öffentlichen Angriffe das von Marx geschriebene Pamphlet *Die angeblichen Spaltungen in der Internationale,* das bereits auf der ersten Seite den Titel zu widerlegen schien. Dort bestätigte Marx, dass ein tiefer Spalt durch die Assoziation ging, »die Internationale die schwerste Krise seit ihrer Gründung durchmacht«.

## BAUER

Um den Disput ein für allemal zu klären, berief der Generalrat am 2. September 1872 eine Vollversammlung in Den Haag ein. Da Bakunin in ganz Europa, außer der Schweiz, steckbrieflich gesucht wurde, war er nicht persönlich unter den 65 anwesenden Delegierten. Marx hingegen wurde von einer großen Anzahl Journalisten, Spitzel und Neugieriger begafft. Ein holländischer Journalist behauptete, Marx habe Verwandte in Amsterdam, und stellte fest: »Wenn das zutrifft, dann hat seine Familie kein Problem, ihn in der Gesellschaft einzuführen oder ihn zum Tee ins Zoo-Café mitzunehmen. In seinem grauen Anzug ist er dafür genau die richtige Erscheinung.« Eine belgische Zeitung teilte enttäuscht mit, der große Revolutionsführer wirke wie ein »solider Bauer«.

## TODESURTEIL

Zum Ärger von Polizei und Presse zog sich der Kongress zur geschlossenen Sitzung zurück. Drei Tage lang rangen die rivalisierenden Fraktionen miteinander und trugen gegenseitig Anschuldigungen vor. Nach endlosen Diskussionen brachte ein Abgesandter aus New York sein Ansinnen ein, die Internationale brauche einen starken Kopf »mit viel Hirn«. Im Saal brach Gelächter aus, als sich alle Augen auf Marx richteten, der hinter Engels Platz genommen hatte. Der Vorschlag wurde mit 32 gegen sechs Stimmen bei 16 Enthaltungen angenommen. Da stand Engels plötzlich auf und bat um einen Wortbeitrag: Da die Internationale offensichtlich uneins sei und keine Aussicht bestehe, die Franzosen mit den Spaniern und die Briten mit den Deutschen zu versöhnen, setzten Marx und er sich dafür ein, den Sitz des Generalrats nach New York zu verlegen. – Mit der Verlegung der Internationale nach Amerika unterzeichnete Marx in vollem Bewusstsein ihr Todesurteil; im Jahr 1876 wurde sie offiziell aufgelöst.

## Diese Franzosen!

In den Jahren des Streits in der Internationale hatte Marx eine gewisse Abneigung gegen französische Sozialisten entwickelt. Es war Ironie des Schicksals, dass nun, da er seinen Rückzug aus dem Generalrat angetreten hatte, nach Lauras Ehemann Paul Lafargue ein zweiter Schwiegersohn französischer Herkunft ins Haus kam: Am 2. Oktober 1872 wurde im Standesamt von Saint Pancras in einer bescheidenen bürgerlichen Zeremonie die Ehe zwischen Marx' ältester Tochter Jenny und Charles Longuet geschlossen. Für den Brautvater war der einzige Trost an dieser Ehe, dass Enkel kamen. Außerdem hatte Longuet durch seine Lehrtätigkeit an der Londoner Universität ein regelmäßiges Einkommen, so dass Jenny mit dem Nötigsten versorgt war.

## Mephisto

Dagegen war Paul Lafargue – darin Marx nicht unähnlich – als Familien-Ernährer miserabel. Seinen Beruf als Mediziner gab er auf und startete gemeinsam mit dem Kommuneflüchtling Benjamin Constant Le Moussu ein Unternehmen, indem er die Patentrechte für ein neues fotografisch-lithografisches Verfahren kaufte. Dies wollte nicht recht florieren, weil Lafargue mit seinem Partner ständig im Streit lag. Um die Familienehre zu retten, erwarb Marx den Anteil seines Schwiegersohnes. Er hatte aber auch mit Le Moussu Differenzen darüber, wer die Eigentumsrechte am Patent hielt, und so sollte der linke Anwalt Frederic Harrison als Schiedsmann den Streit schlichten. Dieser erinnerte sich in seinen Memoiren: »Bevor sie zur Aussage kamen, bat ich sie, in aller Form auf die Bibel zu schwören, wie es das Gesetz in solchen Fällen damals vorsah. Diese Vorstellung war ein Horror für beide. Karl Marx protestierte, er werde sich nie so weit erniedrigen. Le Moussu meinte, niemand sollte ihn jemals einer solchen Schande zeihen können. Schließlich erreichte ich den Kompromiss, dass die Zeugen das Buch gleichzeitig berühren sollten, ohne ein Wort dazu zu sprechen. Beide schienen Furcht davor gehabt zu haben, die Berührung der Heiligen Schrift könnte sie vergiften – so wie Mephisto im Theater vor dem Kreuz zurückweicht.« Bei der Entscheidung des Falls hatte Marx im Übrigen das Nachsehen.

## FAMILIENBANDE

Abgesehen von ihren persönlichen Schwächen hielt Marx seine beiden Schwiegersöhne politisch für unbelehrbare Schwätzer. »Longuet als letzter Proudhonist und Lafargue als letzter Bakuninist!«, beklagte er sich noch am 11. November 1882 bei Engels. »Que le diable les emporte! [Der Teufel soll sie holen!]«

# KEIN STAATSBÜRGER

Wegen einer leichten Leberschwellung rieten die Ärzte Marx, zu einer Kur in den böhmischen Modeort Karlsbad zu reisen. Da er dafür durch Deutschland reisen musste, wo ihm eine Verhaftung drohte, kam er auf die Idee, die britische Staatsbürgerschaft zu erwerben. Sie stand jedem Emigranten zu, der über ein Jahr in England gelebt hatte, und bedeutete Immunität an den Grenzen eines anderen Landes. Nachdem er beim Innenministerium einen Antrag gestellt hatte und nun annahm, dass die Einbürgerungsurkunde in ein paar Tagen eintreffe, reisten er und seine jüngste Tochter Eleanor am 15. August 1874 nach Deutschland ab. Mit einem Schreiben vom 26. August wurde der Antrag aber ohne Nennung eines Grundes abgelehnt.

Dieser wird allerdings in einem vertraulichen Brief, den Scotland Yard am 17. August an das Innenministerium sandte, genannt: darin wird Marx als »der berüchtigte deutsche Agitator« bezeichnet, der »seinem eigenen König und Land nicht die Treue gehalten« habe.

## TOTGESAGTE LEBEN LÄNGER

Die britischen Zeitungen interessierten sich außerordentlich für Marx' Gesundheitszustand. »Ich selbst erlaube den englischen Blättern, mich von Zeit zu Zeit tot zu melden, ohne ein Lebenszeichen von mir zu geben«, erklärte er Ludwig Kugelmann. »Ich gebe keinen Deut für das Publikum, und wenn mein gelegentliches Unwohlsein übertrieben wird, hat das wenigstens das Gute, dass es mir allerlei Anliegen (theoretische und andre) von unbekannten Personen aus allen Weltecken vom Leib hält.«

## BESUCH IN DER MANUFAKTUR

Das Ehepaar Kugelmann kam ebenfalls nach Karlsbad, wo Marx mit Mineralwasser seine Leber kurierte. Gemeinsam mit Dr. Kugelmann besuchte er die Porzellanmanufaktur in Aich und beobachtete dort einen Arbeiter an einem spinnradähnlichen Gerät, der feine Tassen fertigte. »Tun Sie das immer oder haben Sie noch andere Arbeit?«, fragte Marx. »Nein, ich arbeite seit Jahren nichts anderes. Nur durch Übung gelingt es, die Maschine so zu leiten, dass diese schwierigen Formen glatt und tadellos geraten«, erwiderte dieser. Marx wandte sich nachdenklich an Dr. Kugelmann: »So wird durch die Teilung der Arbeit der Mensch zur erweiterten Maschine, und die Denkkraft geht in Muskelgedächtnis auf.«

## Gequälter

Ludwig Kugelmann ging Marx mit seiner indiskreten Art arg auf die Nerven. »Endlich aber brach meine Geduld, als er mich mit seinen häuslichen Szenen gar zu sehr ennuyierte«, klagte Marx in einem Brief an Engels im September 1874. »Dieser erzpedantische, bürgerlich-kleinkramige Philister bildet sich nämlich ein, seine Frau verstehe, begreife seine faustische, in höherer Weltanschauung machende Natur nicht, und quält das Dämchen, das ihm in jeder Hinsicht überlegen ist, auf das Widrigste.« Marx zog um in eine andere Etage und wechselte nie wieder ein Wort mit Dr. Kugelmann.

## Gesellschaftlicher Mittelpunkt

Bei den Karlsbadern löste Marx die größte Verwunderung aus, hatten sie doch mit einem kommunistischen Schreckgespenst gerechnet und erlebten im Gegenteil einen vorzüglichen Unterhalter, der im Mittelpunkt jeder Gesellschaft stand. In einem Artikel einer Wiener Zeitung vom 19. September 1875 hieß es: »Das treffende Wort, das veranschaulichende Bild, der blitzartige erleuchtende Witz, sie sind ihm stets bereit. Teilt man gar seine Gesellschaft mit einer geistvollen, anmutenden Frau wie hier – … da gibt Marx mit vollen Händen aus dem reichen wohlgeordneten Schatz seiner

Erinnerungen; mit Vorliebe lenkt er dann seine Schritte zurück in die Tage der Vergangenheit, als noch die Romantik ihr letztes freies Waldlied sang ... und Heine die noch tintenfeuchten Verse in seine Stube brachte.«

## CHARMANT

Eine Freundin seiner Töchter verspätete sich eines Sonntags zum Mittagessen. Marx rief sie deswegen ziemlich streng zur Ordnung. Doch als sie sich entschuldigte, schüttelte er ernst den Kopf:

»›Es ist Zeitverschwendung, den Menschen ihre Fehler klarzumachen, in der Hoffnung, sie dadurch zu heilen‹, murmelte er mit seiner kehligen Stimme in sich hinein. ›Wenn sie nur etwas genauer denken würden; aber gerade das wollen sie ja auf keinen Fall. Was ist das wertvollste Gut des Menschen, das Kostbarste, was ihm gegeben ist? Das ist die Zeit. Und sagen Sie mir, was mit ihr geschieht? Sie wird verschwendet. Gut, solange es Ihre eigene Zeit ist, macht es nichts. Aber die Zeit der andern! Meine Zeit! Himmel! Was für eine Verantwortung nehmen Sie auf sich!‹ Ich kam mir ganz verworfen vor, und man sah es mir an. Da löste sich sein Zorn in ein reizendes Lächeln auf. ›Also gut, für diesmal sei Ihnen verziehen.‹«

## ALTERSWEISE

Einem Reporter von der *Chicago Tribune* erklärte Marx 1878: »Wenn ich alles bestritte, was über mich gesagt und geschrieben worden ist, brauchte ich eine ganze Schar von Sekretären.« Sogar eine mangelhafte »Biographie« über ihn, die 1881 in einem holländischen Verlag erschien, erregte ihn nicht. Als ihn eine niederländische Zeitschrift ersuchte, sich dazu zu äußern, antwortete er nur: »Ich antworte prinzipiell auf solche Wanzenbisse nicht. Als ich jünger war, schlug ich manchmal heftig ein, aber das Alter bringt soweit Weisheit, dass man nutzlose dissipation of force [Kraftvergeudung] vermeidet.«

## MIT HUMOR

Mitte der siebziger Jahre traf der Sozialdemokrat Wilhelm Blos mehrfach mit Marx zusammen und berichtete in seinen *Denkwürdigkeiten:* »Wir waren bei Liebknechts zu Tische, und Frau Natalie gab sich alle Mühe, es ihren Gästen behaglich zu machen, was ihr auch gelang. Beim Kaffee gab es eine sehr angeregte Unterhaltung. Man sprach von der sich immer wiederholenden Absetzung Gottes durch die Freidenker, und Marx meinte, der liebe Gott müsse doch einen reichlichen Vorrat von gaîté [Heiterkeit] haben, um das alles, was in der Welt vorgehe, so ruhig mit anzusehen.«

## ALTERSMILDE

Eduard Bernstein besuchte Karl Marx und gab seiner Verwunderung Ausdruck: »Nach Schilderungen, die allerdings meist von Gegnern herrührten, hatte ich erwartet, einen ziemlich verbissenen und sehr reizbaren alten Herrn kennenzulernen, und sah mich nun einem Manne mit weißem Haar gegenüber, aus dessen dunklen Augen Freundlichkeit lächelte und in dessen Worten viel Milde lag. Als ich ein paar Tage später Engels meine Überraschung aussprach, Marx so ganz anders gefunden zu haben, als ich ihn mir gedacht hatte, meinte er: ›Nun, der Mohr kann auch jetzt noch ganz gehörig wettern.‹«

## GROSSVATER

Die Sonntage gehörten immer den Kindern und Enkeln. Auf den Sonntagsbraten folgte ein gemeinsamer Spaziergang auf die Heide. Einmal war August Bebel, Mitbegründer der Sozialdemokratischen Partei Deutschlands, zu Gast, nahm am Familienausflug teil und war »sehr angenehm überrascht zu sehen, mit welcher Herzlichkeit und Zärtlichkeit Marx, der zu jener Zeit überall als der schlimmste Menschenfeind verschrien war, mit den beiden Enkelkindern zu spielen verstand und mit welcher Liebe diese an dem Großvater hingen«.

# SCHIFFBAUER

Zahlreiche Erinnerungen von Freunden und Familienmitgliedern ranken sich um die Rolle von Marx als Vater und Großvater. »Um das Herz kennen und lieben zu lernen, das unter der Hülle des Gelehrten schlug, musste man Marx, wenn er seine Bücher und Hefte zugeschlagen hatte, im Schoße seiner Familie und Sonntag abends im Kreise seiner Freunde sehen. Er erwies sich dann als der angenehmste Gesellschafter, voll Humor und Witz, der so recht von Herzen lachen konnte … Er brachte stundenlang damit zu, mit seinen Kindern zu spielen. Diese erinnern sich noch jetzt der Seeschlachten und Brände ganzer Flotten von Papierschiffchen, welche er in einem großen Wassereimer den Flammen überlieferte. Sonntags ließen seine Töchter nicht zu, dass er arbeitete, er gehörte ihnen dann für den ganzen Tag. Bei schönem Wetter brach die ganze Familie zu einem langen Spaziergang über Land auf … Als seine Töchter noch klein waren, verkürzte er ihnen den langen Weg, indem er ihnen nicht endenwollende fantastische Feenmärchen erzählte, die er beim Gehen erfand und deren Verwicklungen er der Länge des Weges entsprechend weiterspann und steigerte, sodass die Kleinen über dem Zuhören ihre Müdigkeit vergaßen.« Diese 1890 in der *Neuen Zeit* veröffentlichten Erinnerungen von Paul Lafargue nahm Engels zum Anlass, Laura Lafargue ein letztes dieser Exemplare von »Mohrs Schiffbaukunst« zu übersenden.

## Einer wie der andere

Friedrich Engels liebte das Studium um des Studiums willen, er interessierte sich für alle Wissenschaften. Als Marx mitbekam, dass der Freund gerade Werke über Geburtenhilfe las – eine seiner Bekannten bereitete sich auf ein medizinisches Examen vor –, warf er ihm vor, sich zwischen vielerlei Gegenständen zu zersplittern. Engels gab ihm den Vorwurf zurück: »Ich würde mit Vergnügen die russischen Veröffentlichungen über die Lage der Landwirtschaft verbrennen, die dich seit Jahren hindern, das *Kapital* zu vollenden.«

## Kurz und bündig

Engels war nicht der Einzige, der begierig auf die Fortsetzung des *Kapitals* wartete. Der Sozialdemokrat Karl Kautsky notierte: »Wer aber mit dem Verfasser des *Kapitals* sprach, konnte nicht umhin, auch auf dieses Werk zu sprechen zu kommen. Ich erlaubte mir die Bemerkung, dass wir Jüngeren nichts heißer ersehnten als die baldige Vollendung des zweiten Bandes des *Kapitals*. ›Ich auch‹, erwiderte Marx kurz.«

## Eisenbahner

In Karlsbad hatte Marx den russischen Soziologen Maxim Kowalewski kennengelernt, der Marx' Interesse für das Eisenbahnwesen und andere technische Entwicklungen geweckt hatte. Jenny zeigte sich besorgt, ihr Mann werde sich wieder einmal neuen Themenkomplexen zuwenden. »Bitte schicken Sie ihm nichts mehr«, bat sie. »Er muss endlich das *Kapital* beenden. Das ist nämlich das einzige Kapital, von dem wir alle und wofür wir leben.« – »Wenn ich ihm die Bücher nicht mehr sende, besorgt er sie sich anderswo«, antwortete Kowalewski. »Ein Mann wie er breitet sich immer wieder aus, um dann das Erforschte und sich selbst mit um so größerer Kraft zusammenzuziehen. Ich bin sicher: Er ordnet alles, was Ihnen jetzt abwegig erscheint, irgendwann seinem eigentlichen Anliegen zu.« Ernst entgegnete Jenny: »Irgendwann …«

## Sprachtalent

»Eine fremde Sprache ist eine Waffe im Kampf des Lebens«, pflegte Marx zu sagen. Er sprach perfektes Englisch und Französisch und konnte beim Vorlesen eines lateinischen, griechischen oder spanischen Originaltextes aus dem Stegreif ins Deutsche übersetzen. Russisch lernte er noch im Alter, »um sich abzulenken«, wie er erklärte.

# ANTI-DÜHRING

Marx war nicht gewillt, diesen Mann ernst zu nehmen! Der Privatgelehrte Eugen Dühring propagierte einen kleinbürgerlichen, arischen Sozialismus und arbeitete eine eigene Geschichtsphilosophie aus, in der gesellschaftliche Entwicklungsgesetze nicht vorkamen. In den Reihen der Sozialdemokraten gewann Dühring jedoch gewaltig an Einfluss und Autorität. Offensichtlich trug ihm auch Sympathien ein, dass er ein schweres persönliches Schicksal gemeistert hatte – aufgewachsen in Waisenhäusern, mit dreißig Jahren erblindet, hatte er sich hinaufgearbeitet zum Universitätsprofessor und war nun mutiert zum »Kommunistischen Professor«. Als Liebknecht Marx ein für den *Vorwärts* bestimmtes Manuskript von Johannes Most zusandte, das ein Loblied auf Dühring sang, platzte Marx die Hutschnur: »Es sind nicht nur seine Ideen, es ist auch seine Blindheit, die alle ansteckt.«

PS: Ohne Dühring keinen *Anti-Dühring!* Drei Kapitel des von Marx und Engels gemeinsam verfassten Werkes *Herrn Eugen Dührings Umwälzung der Wissenschaft* brachte Friedrich Engels unter dem Titel *Die Entwicklung des Sozialismus von der Utopie zur Wissenschaft* als eigenständige Veröffentlichung heraus. Sie wurde zu einer der meistgelesenen Schriften der marxistischen Theorie.

# Berühmt, berüchtigt

1879 erkundigte sich Kronprinzessin Viktoria, Tochter der englischen Königin und Gemahlin des preußischen Thronfolgers und späteren 99-Tage-Kaisers, bei einem hohen liberalen Politiker nach Marx. Legenden rankten sich um den Mann, der seit den vierziger Jahren überall dort in Europa auftauchte, wo revolutionärer Geist wehte. Marx war nicht nur der Lieblingsfeind der preußischen Polizei, sondern auch Tischgespräch der feinen Gesellschaft. Sir Mountstuart Elphinstone Grant Duff musste seine Unwissenheit zugeben, versprach aber, den »roten Terroristen-Doktor« zum Essen einzuladen.

Nach einem dreistündigen Diner im Devonshire Club berichtete er in einem Brief an den preußischen Hof: »Seine Rede war die eines gebildeten Mannes, der sich sehr für vergleichende Grammatik interessierte, was ihn dazu geführt hatte, Altslawisch und andere ausgefallene Studien zu treiben; sie erging sich in vielen seltsamen Wendungen und war mit einem trockenen Humor gewürzt …«

Im Ganzen befand Sir Mountstuart: »Alles in allem war mein Eindruck von Marx angesichts der Tatsache, dass er mir völlig entgegengesetzte Ansichten hat, durchaus nicht ungünstig, und ich würde ihn gern wiedersehen. Nicht er wird es sein, der – ob er es wünscht oder nicht – die Welt auf den Kopf stellen wird.«

Hier irrte Sir Mountstuart.

## KEIN MARXIST

Ende der siebziger Jahre gründete sich in Frankreich eine neue Partei, deren Mitglieder sich als Marxisten bezeichneten. Engels spottete, das seien Leute, denen die materialistische Geschichtsauffassung nur als Vorwand diene, »Geschichte nicht zu studieren«. Marx, der auf keinen Fall mit ihnen in Verbindung gebracht werden wollte, sagte: »Tout ce que je sais, c'est que je ne suis pas Marxiste.« – »Soweit ich informiert bin, bin ich kein Marxist.«

## KOPERNIKUS-NACHFOLGER

In Ernest Belfort Bax fand Marx schließlich doch einen englischen Bewunderer seiner Ideen. 1879 startete der Philosoph die Zeitschrift *Modern Thought* mit einer langen Artikelserie über die geistigen Führer des Jahrhunderts, in der Arbeiten über Schopenhauer, Wagner und 1881 auch über Marx erschienen. Darin nannte Bax *Das Kapital* ein Buch, »das eine Doktrin in der Ökonomie entwickelt, die nach ihrem revolutionären Charakter und ihrer langfristigen Bedeutung dem Kopernikanischen System in der Astronomie und dem Gesetz der Schwerkraft in der Mechanik vergleichbar ist«. Marx war begeistert: Endlich hatte er einen Briten gefunden, der ihn verstand.

## JENNYS TOD

Jenny litt an Krebs. »Die Krankheit meiner Frau ist, unter uns gesagt, leider unkurierbar«, schrieb er am 20. Juni 1881 an seinen alten Freund Friedrich Adolph Sorge nach Amerika. Anfang Oktober war er sich sicher, dass Jennys Krankheit »der Katastrophe näher rückte«. Als Jenny starb, war Marx selbst von einer Bronchitis und Rippenfellentzündung so geschwächt, dass er seiner Ehefrau nicht das letzte Geleit geben konnte.

## ELEANOR

In die Liebesbeziehung seiner jüngsten Tochter griff Marx massiv ein. Er verbot der bereits Neunzehnjährigen den Umgang mit ihrem Geliebten. Auch ihr verzweifelter Hilferuf in einem rührenden Brief an den Vater, ihren Verlobten Prosper Olivier Lisagaray sehen zu dürfen, ohne den alle Versuche scheitern würden, »fröhlich und im Gleichgewicht zu bleiben«, konnte Marx nicht zum Einlenken bewegen. Und Eleanor gehorchte. Sie stellte auch ihren eigenen Berufswunsch als Schauspielerin zurück, tätigte die Korrespondenz ihres Vaters, ordnete seine Manuskripte und dolmetschte für ihn. Gegenüber ihrer Schwester Jenny zog sie 1882 resigniert das Fazit: »... trotz aller Liebe, wir müssen, jeder von uns, sein Leben leben.«

## BRIEFGEHEIMNISSE

Viele Briefe zwischen Marx und seiner Frau Jenny haben die Marx-Töchter vernichtet, vermutlich, weil sie verletzende Bemerkungen über Freunde, auch über Engels, enthielten.

In einem der erhaltenen, weil offenbar harmloseren Briefe an Jenny spottete Marx, der anlässlich des Todes von Lizzy Burns, Engels' zweiter Frau, bei ihm in Manchester weilte, über deren Analphabetismus und berichtete weiter: »Doch kann ich nicht widerstehn ein Vorkömmnis zu erzählen, das in seiner Originalität an Balzac und Paul de Cock gleichzeitig erinnert. Als Tussy [Tochter Eleanor], Mrs. Renshaw [die Haushälterin] und Pumps [Tochter Laura] ... der Verstorbenen Habseligkeiten sortierten, fand Mrs. Renshaw u. a. ein kleines Packet Briefe … und war auf dem Punkt, die dem bei der Operation gegenwärtigen Mr. Chitty [Engels] einzuhändigen: Nein, sagte er, verbrennen Sie sie! Ich brauche ihre Briefe nicht zu sehen. Ich weiß, dass sie unfähig war, mich zu betrügen.« Und hämisch kommentierte Marx: »Natürlich, da er ja ihre Briefe schreiben und ihr die Briefe vorlesen musste, die sie erhielt, konnte er ganz sicher sein, dass diese Briefe für ihn keine Geheimnisse enthielten, aber vielleicht enthielten sie solche für sie.«

## NOMADE

Marx war gesundheitlich schwer angeschlagen, litt unter chronischem Bronchialkatarrh und einer Hautkrankheit. Der dringende Rat seiner Ärzte setzte sich aus zwei Komponenten zusammen: Sie empfahlen den Aufenthalt in südlichem Klima und sprachen ein Arbeitsverbot aus. Letzteres wischte Marx mit der Bemerkung »Ohne Schreiben geht es nicht!« vom Tisch, entschied sich jedoch, dem kalten und nassen Winter Londons zu entfliehen. Da ihm Italien versperrt war – er stand auf der Liste der steckbrieflich Gesuchten und erst kürzlich war in Mailand ein Mann verhaftet worden, der den Namen Marx trug –, schiffte er sich im Februar 1882 nach Algerien ein. Ein Jahr des ständigen Umherziehens begann: drei Monate Algier, ein Monat Monte Carlo, drei Monate in Argenteuil, ein Monat im Schweizer Kurort Vevey. Hatten den seit der Ausbürgerung aus Preußen staatenlosen Flüchtling in den vierziger Jahren Revolution und Reaktion durch die Hauptstädte Europas getrieben, wurde er nun wegen seiner Krankheiten zum Nomaden.

In Monte Carlo, der Stadt der Spielkasinos, besah sich Marx die Glücksritter aller Couleur, wie sie spekulierten, dem Geld hinterherjagten, nach Systemen suchten, Wahrscheinlichkeiten berechneten und vom großen Gewinn träumten.

Marx urteilte: »Welch eine Kinderei, solche Spielbank, verglichen mit der Börse.«

## NICHTSCHWIMMER

Marx schrieb seiner Tochter Laura aus Algerien einen Brief, in dem er eine arabische Fabel notierte, die er offensichtlich als Spiegelung seiner eigenen Lage ansah.

»In einem stürmischen Fluss hält ein Fährmann bereit einen kleinen Kahn. Um ans Gegenufer zu gelangen, steigt ein Philosoph ein. Entwickelt sich folgender Dialog:

Philosoph: Fährmann, kennst du Geschichte?

Fährmann: Nein!

Philosoph: Dann hast du die Hälfte deines Lebens verloren!

Und wiederum: Der Philosoph: Hast du studiert Mathematik?

Fährmann: Nein!

Philosoph: Dann hast du mehr als die Hälfte deines Lebens verloren.

Kaum hatte es der Philosoph gesagt, als Wind den Kahn umschlug und beide, Philosoph und Fährmann, ins Wasser geschmissen; schreit nun: Fährmann: Kannst du schwimmen?

Philosoph: Nein!

Fährmann: Dann dein Leben ist ganz verloren.«

## Marx, wie ihn keiner kennt

Die schwarze »Löwenmähne« und der wilde dunkle Bart, die ihm den Namen »Mohr« eingetragen hatten, waren ergraut, doch immer noch von verwegener Pracht. Und sie waren ihrem Träger eine Information an den Freund sowie fotografische Verewigung wert in dem Moment, als er sich von ihnen trennte. Im April 1882 schrieb Marx an Engels: »Vor der Sonne habe ich den Prophetenbart und die Kopfperücke weggeräumt, aber mich fotografieren lassen vor Haaropfer auf Altar eines algierschen Barbiers.« Ein kahlköpfiger, glattrasierter Marx ist schwer vorstellbar, und es ist davon auch kein Foto überliefert.

## Schlafender

Ohne wirkliche Genesung kehrte Marx im Januar 1883 nach London zurück. Als Engels am 14. März 1883 um halb drei nachmittags zu seiner üblichen Besuchszeit im Hause Marx eintraf, meldete Helene Demuth, Marx sitze »halb im Schlaf« in seinem Lieblingssessel am Kamin. Als sie bei ihm eintraten, war Marx ruhig entschlafen.

»Die Menschheit ist um einen Kopf kürzer gemacht«, benachrichtigte Engels tags darauf Friedrich Adolph Sorge in Amerika, »und zwar um den bedeutendsten Kopf, den sie heutzutage hatte.«

## FÜR EWIG

Karl Marx wurde am 17. März in einer fernen Ecke des Friedhofs von Highgate im selben Grab beigesetzt, wo auch seine Frau fünfzehn Monate zuvor ihre letzte Ruhe gefunden hatte.

»Sein Name wird durch die Jahrhunderte fortleben und so auch sein Werk«, prophezeite Friedrich Engels in seiner Grabrede. Ganze elf Trauergäste hörten die Worte.

## NACHRUFE

In Frankreich, Russland und Amerika verfassten sozialistische Zeitungen schallende Nachrufe: »Der beste Freund und größte Lehrer der Arbeiter«, »Ein Unglück für die Menschheit«, »Sein Andenken wird noch leben, wenn Könige längst vergessen sind«, »Einer der edelsten Menschen, der auf dieser Erde wandelte« …

In England wurde kaum Notiz von seinem Tod genommen. »Hiermit wird der Tod des deutschen Sozialisten Dr. Karl Marx bekanntgegeben«, hieß es in der *Daily News*. »Er musste noch erleben, wie seine Theorien ausstarben, die einst Kaiser und Kanzler in Schrecken versetzt hatten.«

## KOPFARBEITER

Paul Lafargue über Marx: »Die Arbeit ging ihm leicht und doch wieder schwer vonstatten; leicht, da die das jeweilige Thema betreffenden Tatsachen und Reflexionen beim ersten Anstoß sofort in Fülle vor sein geistiges Auge traten; aber diese Fülle machte die vollständige Darlegung seiner Ideen langwierig und schwierig … Niemals war er mit seiner Arbeit zufrieden, immer wieder änderte er daran, und stets fand er, dass die Darstellung zurückbleibe.«

## KAPITALE BÖCKE

»Das Pech ist vielmehr, dass ich, seit wir Marx verloren, ihn vertreten soll. Ich habe mein Leben lang das getan, wozu ich gemacht war, nämlich zweite Violine spielen, und glaube auch, meine Sache ganz passabel gemacht zu haben. Und ich war froh, so eine famose erste Violine zu haben wie Marx. Wenn ich nun aber plötzlich in Sachen der Theorie Marx' Stelle vertreten und erste Violine spielen soll, so kann das nicht ohne Böcke abgehen …«, schrieb Engels 1884 an Johann Philipp Becker, den Freund aus badischen Revolutionstagen. Bis zu seinem eigenen Tod am 5. August 1895 widmete er sich Marx' nachgelassenen Manuskripten. 1885 erschien der zweite, 1894 der dritte Band des *Kapitals*.

## Gewusst wie

Die erste englische Übersetzung des *Kapitals* erschien 1887, verkaufte sich aber schlecht. Ein besseres Schicksal war drei Jahre später einem englischsprachigen Raubdruck in New York beschieden. Die erste Auflage von fast 5000 Exemplaren war sofort vergriffen. Der Verlag hatte eine Ankündigung unter den Bankiers der Wall Street in Umlauf gebracht, die besagte, das Buch beschreibe, »wie Kapital akkumuliert wird«.

## Schall und Rauch

Ein Journalist machte noch Anfang des zwanzigsten Jahrhunderts einen Stammleser der British Library ausfindig, der sich an Marx erinnern konnte. »Doktor Marx? Ja, ja, ein Deutscher«, sagte der alte Herr, »der ist über viele Jahre hierhergekommen.« Nach kurzem Nachdenken vervollständigte er seine Erinnerung: »Eines Tages ist er einfach weggeblieben, und niemand hat je wieder was von ihm gehört.«

## *Lebensdaten und wichtige Publikationen*

*1818* Am 5. Mai wird Karl Marx als drittes von neun Kindern des Anwalts Heinrich Marx in Trier geboren. Der Vater konvertiert um 1820 vom Judentum zum Protestantismus, um seine Anwaltstätigkeit weiter ausführen zu können. Karl Marx und seine älteren Geschwister werden 1824 getauft

*1820* Am 28. November wird Friedrich Engels in Barmen geboren

*1835* Abitur. Jurastudium in Bonn

*1836* Verlobung mit Jenny von Westphalen. Studium in Berlin

*1838* Tod des Vaters am 10. Mai

*1841* Promotion in Jena

*1842* Freier Mitarbeiter, dann Redakteur der *Rheinischen Zeitung* in Köln

*1843* Verbot der *Rheinischen Zeitung* zum 1. April. Heirat mit Jenny von Westphalen am 19. Juni. Emigration nach Paris im November. *Zur Judenfrage*

*1844* Herausgeber der *Deutsch-Französischen Jahrbücher* mit Arnold Ruge. Bekanntschaft mit Heinrich Heine und Proudhon. Beginn der Zusammenarbeit mit Friedrich Engels. Am 1. Mai wird die älteste Tochter Jenny geboren. *Ökonomisch-philosophische Manuskripte*

*1845* Ausweisung aus Frankreich und im März Übersiedlung nach Brüssel. Mit Engels Reise nach London und Manchester. *Die heilige Familie oder Kritik der kritischen Kritik* (mit F. Engels). *Die deutsche Ideologie* (mit F. Engels)

*1846* Auseinandersetzung mit dem Kommunistischen Korrespondenzkomitee in Brüssel und London. Abgrenzung von Wilhelm Weitling

*1847* Geburt von Sohn Edgar im Januar. Als Mitglied des Kommunistenbundes Teilnahme am 2. Kongress in London. *Misère de la philosophie* (dt. von K. Kautsky und E. Bernstein: *Das Elend der Philosophie,* 1885)

*1848* *Das Manifest der Kommunistischen Partei,* in Zusammenarbeit mit Engels, erscheint im Februar in London. Ausweisung aus Belgien und Rückkehr nach Deutschland, wo in Köln unter Marx' Leitung am 31. Mai die erste Ausgabe der *Neuen Rheinischen Zeitung* erscheint

*1849* Nach dem Verbot der Neuen *Rheinischen Zeitung* Ausweisung als Staatenloser. Nach kurzem Aufenthalt in Paris geht Marx mit seiner Familie nach London. Geburt des Sohnes Heinrich Guido.

Engels übersiedelt nach Manchester, um bei Ermen & Engels zu arbeiten. *Lohnarbeit und Kapital*

*1850* Von der neugegründeten Zeitung *Neue Rheinische Zeitung. Politisch-ökonomische Revue* erscheinen nur fünf Nummern. Bekanntschaft mit Wilhelm Liebknecht. Tod des Sohnes Heinrich Guido

*1851* Im März wird Tochter Franziska geboren. Am 23. Juni bringt Helene Demuth Marx' unehelichen Sohn Frederick Demuth zur Welt. Studien über Nationalökonomie in der Bibliothek des Britischen Museums. Korrespondent der *New York Tribune.* Engels betätigt sich als Ghostwriter

*1852* Im März stirbt Tochter Franziska. Kölner Kommunistenprozess. Auflösung des Bundes der Kommunisten. *Die großen Männer des Exils* (mit F. Engels). *Der 18. Brumaire des Louis Bonaparte*

*1853 Enthüllungen über den Kommunistenprozess zu Köln*

*1855* Am 16. Januar wird Tochter Eleanor geboren; am 6. April stirbt Sohn Edgar

*1857* Das siebte Kind von Karl und Jenny Marx wird am 6. Juli tot geboren

*1858 Grundrisse der Kritik der politischen Ökonomie*

*1859 Zur Kritik der politischen Ökonomie*

*1860 Herr Vogt*

*1861* Reise nach Deutschland. Besuch bei Lassalle in Berlin

*1863* Tod der Mutter am 30. November

*1864* Gründung der Internationalen Arbeiter-Assoziation (sogenannte 1. Internationale)

*1865* Austritt aus dem Allgemeinen Deutschen Arbeiterverein. *Lohn, Preis und Profit*

*1866* 1. Kongress der Internationale in Genf

*1867* 2. Kongress der Internationale in Lausanne. Von April bis Juni Reise nach Deutschland, um die Drucklegung des *Kapitals* zu betreuen. *Das Kapital, 1. Band*

*1868* 3. Kongress der Internationale in Brüssel. Auseinandersetzungen mit Bakunin

*1869* 4. Kongress der Internationale in Basel

*1870* Am 20. September zieht Engels nach London

*1871* Pariser Kommune. Konferenz der Internationale in London. *Der Bürgerkrieg in Frankreich*

*1872* 5. Kongress der Internationale in Den Haag. Verlegung des Generalrats nach New York, was faktisch die Auflösung der Internationale bedeutet

*1874–1877* Kuraufenthalte in Karlsbad und im Schwarzwald

*1875 Kritik des Gothaer Programms*

*1881* Am 2. Dezember Tod von Jenny Marx

*1882* Reisen in die Schweiz, nach Frankreich und Algier

*1883* Am 11. Januar Tod von Tochter Jenny. Am 14. März stirbt Karl Marx in London

*1885 Das Kapital, 2. Band*

*1894 Das Kapital, 3. Band*

*1895* Am 5. August Tod von Friedrich Engels

*1898* Freitod von Tochter Eleanor Marx-Aveling

*1911* Freitod von Tochter Laura Lafargue, gemeinsam mit ihrem Ehemann Paul

*1956–1990* Erscheinen der Marx-Engels-Werke (MEW) in 43 Bänden; ab 1975 Marx-Engels-Gesamtausgabe (MEGA), noch nicht abgeschlossen

## *Personenverzeichnis*

*Annenkow, Pawel (1812–1887),* liberaler Schriftsteller, russischer Gutsbesitzer

*Assing, Ludmilla (1821–1880),* Schriftstellerin und Verlegergattin

*Auerbach, Berthold (1812 bis 1882),* liberaler Schriftsteller

*Bakunin, Michail Alexandowitsch (1814–1876),* russischer Revolutionär, Anarchist

*Bauer, Bruno (1809–1882),* Philosoph und Publizist, Junghegelianer

*Bauer, Edgar (1820–1886),* Publizist, Junghegelianer, später preußischer Beamter, Bruder Bruno Bauers

*Bax, Ernest Belfort (1854–1926),* englischer Journalist

*Bebel, August (1840–1913),* Sozialdemokrat, Führer der deutschen Arbeiterbewegung

*Becker, Johann Philipp (1809–1886),* maßgeblicher Organisator der badischen Volkswehr, Sozialdemokrat

*Becker, Oskar (1839–1868),* Attentäter auf König Wilhelm I.

*Bernstein, Eduard (1850–1932),* Sozialdemokrat

*Bismarck, Otto Fürst von (1815–1898),* deutscher Reichskanzler

*Blind, Karl (1826–1907),* Publizist, Revolutionär von 1848, Mitglied des Bundes der Kommunisten, später Nationalliberaler

*Blos, Wilhelm (1849–1927),* Historiker, Journalist und sozialdemokratischer Reichstagsabgeordneter

*Born, Stephan (eigtl. Simon Buttermilch; 1824–1898),* Mitglied des Bundes der Kommunisten, Revolutionär von 1848, später Professor für Literaturgeschichte in Basel

*Bornstedt, Adalbert von (1808–1851),* bürgerlicher Revolutionär von 1848, vorübergehend im Dienst der politischen Polizei

*Burns, Lydia, genannt Lizzy (1827–1878),* zweite Lebensgefährtin von Friedrich Engels und Schwester von Mary Burns

*Burns, Mary (1821–1863),* Lebensgefährtin von Friedrich Engels

*Chamisso, Adelbert von (1781–1838),* Schriftsteller

*Cluß, Adolf (1825–1905),* deutscher Ingenieur, Mitglied des Bundes der Kommunisten, später in die USA emigriert

*Dana, Charles Anderson (1819–1897),* Redakteur der New York Herald Tribune

*Darwin, Charles (1809–1882),* englischer Naturforscher, Begründer der modernen Evolutionstheorie

*Demuth, Frederick (1851–1929),* Sohn von Karl Marx und Helene Demuth

*Demuth, Helene (1823–1890),* Haushälterin der Familie Marx

*Duncker, Franz Gustav (1822–1888),* Verleger und Gewerkschaftler

*Dühring, Eugen (1833–1921),* Philosoph, Nationalökonom
*Eccarius, Johann Georg (1818–1889),* Kommunist, Emigrant in London
*Engels, Friedrich (1820–1895),* Journalist, Historiker, Philosoph, Unternehmer und engster Freund von Marx
*Everbeck, August Hermann (1816–1860),* Arzt und Schriftsteller
*Favre, Jules Claude Gabriel (1809–1880),* liberaler französischer Politiker
*Feuerbach, Ludwig (1804 –1872),* deutscher Philosoph
*Freiligrath, Ferdinand (1810–1876),* deutscher Dichter, Mitglied des Bundes der Kommunisten
*Friedrich III. (1831–1888),* in seinem Todesjahr 99 Tage lang König von Preußen und Deutscher Kaiser
*Friedrich Wilhelm IV. (1795–1861),* König von Preußen von 1840 bis 1861
*Godwin, William (1756–1836),* früher Theoretiker des utopischen Anarchismus
*Grant Duff, Sir Mountstuart Elphinstone (1829–1905),* englischer Politiker
*Guizot, François (1787–1874),* französischer Politiker und Schriftsteller
*Frederic Harrison (1831–1923),* englischer Schriftsteller, Jurist und Politiker
*Hatzfeld, Sophie Gräfin von (1805–1881),* deutsche Sozialistin, Freundin Lassalles
*Hegel, Georg Wilhelm Friedrich (1770–1831),* deutscher Philosoph
*Heine, Heinrich (1797–1865),* Dichter und Journalist
*Herwegh, Emma (1817–1901),* Frau von Georg Herwegh
*Herwegh, Georg (1817–1875),* Lyriker, Revolutionär von 1848
*Herwegh, Marcel (1858 bis um 1937),* Sohn von Georg Herwegh
*Heß, Moses (1812–1875),* Mitglied des Bundes der Kommunisten, später Anhänger Lassalles
*Kautsky, Karl (1854–1938),* Sozialdemokrat, Schriftsteller und Redakteur
*Kautsky-Freyberger, Louise (1860–1950),* österreichische Sozialdemokratin, erste Frau Karl Kautskys, ab 1890 Engels' Sekretärin
*Kinkel, Gottfried (1815–1882),* rheinischer Dichter, Revolutionär von 1848, Emigrant in London
*Kowalewski, Maxim (1851 bis 1916),* russischer Historiker und Soziologe
*Kugelmann, Gertrud (geb. 1839),* Frau von Ludwig Kugelmann
*Kugelmann, Ludwig (1830 bis 1902),* deutscher Arzt, Revolutionär von 1848

*Lafargue, Laura (1846–1911),* Tochter von Karl Marx
*Lafargue, Paul (1842–1911),* Ehemann von Marx' Tochter Laura
*Lassalle, Ferdinand (1825–1864),* Revolutionär von 1848, Gründer des Allgemeinen Deutschen Arbeitervereins
*Le Lubez, Victor (geb. um 1839),* französischer Emigrant in London, Mitglied des Generalrats der Internationale
*Le Moussu, Benjamin Constant,* Mitglied der Internationale
*Leopold I. (1790–1865),* König von Belgien
*Leßner, Friedrich (1825–1910),* Schneider, Kommunist, Emigrant
*Liebknecht, Wilhelm (1826–1900),* Revolutionär von 1848, Emigrant in London, später Führer der Arbeiterbewegung
*Lochner, Georg (1824–1910),* Tischler, Mitglied des Bundes der Kommunisten und Emigrant in London
*Longuet, Charles (1833–1903),* französischer Sozialist, Schwiegersohn von Marx
*Longuet, Jenny (1844–1883),* Tochter von Marx
*Louis-Philippe I. (1773–1850),* König der Franzosen von 1830–1848
*Mäurer, Friedrich Wilhelm German (1811–1883),* Schriftsteller, Lehrer und Mitglied des Bundes der Gerechten
*Manteuffel, Otto Theodor Freiherr von (1805–1882),* preußischer Ministerpräsident
*Marx, Edgar (1847–1855),* Sohn von Marx
*Marx, Franziska (1851–1852),* Tochter von Marx
*Marx, Heinrich (1782–1838), Advokat,* Vater von Marx
*Marx, Heinrich Guido (1849–1850),* Sohn von Marx
*Marx, Henriette (1787–1863),* Mutter von Marx
*Marx, Jenny, geb. von Westphalen (1814–1881),* Ehefrau von Marx
*Marx-Aveling, Eleanor (1855–1898),* jüngste Tochter von Marx
*Mazzini, Giuseppe (1805–1872),* italienischer Nationalist, Republikaner
*Meißner, Otto Karl (1819–1902),* Hamburger Verleger
*Morris, William (1834–1896),* englischer Künstler und Kunsthandwerker
*Most Johann (1846–1901),* Redakteur, Sozialdemokrat und späterer Anarchist und Emigrant in den USA
*Napoleon I. Bonaparte (1769–1821),* Kaiser der Franzosen von 1804 bis 1815
*Napoleon III. Louis Bonaparte (1808–1873),* Kaiser der Franzosen von 1852 bis 1870
*Nikolaus I. (1796–1855),* Zar von Russland
*Pfänder, Carl Heinrich (1819–1876),* Porträtmaler und Emigrant
*Philips, Lion (1794–1866),* Onkel von Marx, Kaufmann in Zalt-Bommel (Holland)

*Pieper, Wilhelm (geb. um 1826),* Philologe und Journalist, Mitglied des Bundes der Kommunisten, Emigrant in London

*Proudhon, Pierre-Joseph (1809–1865),* französischer Publizist, Theoretiker des Frühsozialismus

*Ribbendrop, Adolph,* preußischer Beamter, Emigrant in Paris

*Ruge, Arnold (1802–1880),* Philosoph und Publizist, Junghegelianer, 1848 Mitglied der Frankfurter Nationalversammlung

*Schramm, Konrad Bernhard (1822–1858)* deutscher Journalist und Emigrant in London

*Siebel, Karl (1836–1868),* rheinischer Dichter, Verwandter von Engels

*Sorge, Friedrich Adolph (1828–1906),* Revolutionär von 1848, Emigrant in den USA

*Thiers, Adolphe (1797–1877),* französischer Politiker

*Tolain, Henri (1828–1897),* französischer Proudhonist, später Senator

*Tschech, Heinrich Ludwig (1789–1844),* Bürgermeister, Attentäter

*Viktoria (1819–1901),* Königin des Vereinigten Königreichs von Großbritannien und Irland von 1837 bis 1901

*Viktoria (1819–1901),* Königin des Vereinigten Königreichs von Großbritannien und Irland von 1837–1901

*Viktoria von Großbritannien und Irland (1840–1901),* Gemahlin von Friedrich III. und Königin von Preußen

*Vogt, Karl (1817–1895),* deutscher Naturforscher und Publizist, Emigrant in der Schweiz

*Weitling, Wilhelm (1808–1871),* Schneider, Kommunist, Emigrant in der Schweiz, in Belgien, in den USA

*Westphalen, Ferdinand Otto Wilhelm von (1799–1876),* preußischer Staatsmann, Stiefbruder von Jenny Marx

*Westphalen, Ludwig von (1770–1842),* preußischer Beamter, Vater von Jenny Marx

*Weydemeyer, Joseph (1818–1866),* preußischer Offizier, Publizist, Mitglied des Bundes der Kommunisten, emigrierte in die USA

*Wilhelm I. (1797–1888),* König von Preußen, deutscher Kaiser von 1871 bis 1888

*Willich, August (1810–1878),* preußischer Offizier, Revolutionär von 1848, Emigrant in London, später amerikanischer General

*Wolff, Wilhelm (Lupus) (1809–1864),* Lehrer und Publizist, Mitbegründer des Bundes der Kommunisten, linker Abgeordneter der Frankfurter Nationalversammlung, Emigrant in London

*Wyttenbach, Johann Hugo (1767–1848),* Direktor des Trierer Gymnasiums und Leiter der Stadtbibliothek Trier

## *Ausgewählte Literatur*


*Blumenberg, Werner:* Marx. Reinbek 2004

*Enzensberger, Hans Magnus (Hrsg.):* Gespräche mit Marx und Engels. 2 Bde., Frankfurt a. M. 1973

*Kisch, Egon Erwin:* Karl Marx in Karlsbad. Aufbau-Verlag, Berlin und Weimar 1968

*Kurz, Robert:* Marx lesen. Frankfurt a. M. 2000

*Lahann, Birgit:* Abitur. Von Duckmäusern und Rebellen – 150 Jahre Zeitgeschichte in Aufsätzen prominenter Deutscher. Hamburg 1982

*Marx, Karl, und Engels, Friedrich:* Werke. Berlin 1957ff.

*Mehring, Franz:* Karl Marx. Geschichte seines Lebens. Essen 2001

*Mohr und General.* Erinnerungen an Marx und Engels. Berlin 1964

*Müller, André:* Halten Sie den Kopf hin! Marx-Anekdoten. Berlin 1977

*Müller, Manfred (Hrsg.):* Familie Marx in Briefen. Berlin 1966

*Neffe, Jürgen:* Marx, der Unvollendete. München 2017

*Pijet, Georg W.:* Die Bombe unterm Bett. Anekdoten um Marx und Engels und deren Zeitgenossen. Halle (Saale) 1972

*Raddatz, Fritz J.:* Karl Marx. Eine politische Biographie. Reinbek 1975

*Wessel, Harald:* Tussy oder dreißig Reisebriefe über das sehr bewegte Leben von Eleanor Marx-Aveling. Leipzig 1973

*Schwerin von Krosigk, Lutz Graf:* Jenny Marx. Liebe und Leid im Schatten von Karl Marx. Wuppertal 1987

*Sperber, Jonathan:* Karl Marx: Sein Leben und sein Jahrhundert. München 2013

*Wheen, Francis:* Karl Marx. München 1999

# GESAMMELTE BRECHT-ANEKDOTEN

André Müller sen.,
Gerd Semmer
**Geschichten vom Herrn B.**
Gesammelte
Brecht-Anekdoten
128 Seiten, geb.

Buch 9,99 €
ISBN 978-3-359-01714-1

E-Book 7,99 €
ISBN 978-3-359-50060-5

Gefragt, welche bedeutenden Regisseure ihm in den Sinn kämen, antwortete Bertolt Brecht nach langem Überlegen: »Es gibt nur zwei Regisseure auf der Welt. Der andere ist Chaplin.«
Als diese Anekdotensammlung Mitte der 60er Jahre entstand, war die persönliche Erinnerung an den Erfinder des Epischen Theaters bei Freunden und Feinden, Mitarbeitern, Schülern und Geliebten noch äußerst lebendig. Bereitwillig gaben sie den Autoren Auskunft und legten beredtes Zeugnis ab von Brechts Stärken und Schwächen und seinem Umgang damit.
Ob es nun um sein Verhältnis zum Theater, zur Presse, zur Wissenschaft, um Autos oder das Aristokratische im Kommunismus geht – diese kleinen Lehrstücke haben nichts an Unterhaltungswert und Relevanz verloren.

www.eulenspiegel.com

ISBN 978-3-359-01368-6



Umschlaggestaltung: Verlag, Karoline Grunske
Druck und Bindung: buchdruckerei.de, Berlin

Die Bücher des Eulenspiegel Verlags
erscheinen in der Eulenspiegel Verlagsgruppe.

www.eulenspiegel.com